AF364163

BE IGJENNOM SEIRENDE TROS BØNNER

Forfatter Tom Arild Fjeld

Be igjennom - Seirende tros bønner
ISBN: 978-82-93410-22-5

Forord

Tjenesten

Tom Arild Fjeld har reist i over 58 land med evangeliet, siden han var 20 år Jeg, har møt djevelen og hans demoners motstand i hver en nasjon jeg har vært sier han. Det har lært meg å handtere Satan og demonenes angrep på alle mulige tenkelige måter i det praktiske liv.

Man lærer ikke å kjenne Satans snarer og hvordan handtere ham igjennom bøker. Det er kun gjennom praktisk erfaring i det virkelig liv, i kamp mot satan og hans demoner.

Tar du Guds ord på alvor og skritter ut på det, for å vinne seier for Kristus, på de unådde områder i den fysiske verden og i den åndelige verden. Vil du litt etter litt lære å leve i seier, ikke bare vinne en kamp, men vinne krigen.

Bønnene

Det å gå i **bønn på dypet,** som bok nr. 1 tar for seg, det å kaste ut demoner av mennesker, som er besatt i sin ånd. Er noe man ikke treffer så ofte på, verken i vesten eller i den 3. verden.

Det man derimot ser mye av, er bundethet i personlighet, hvor følelser, tanker og vilje er.

I det styrende organ hjernen, der hvor vår personlighet/sjel er. Der ser jeg også ofte undertrykkelse gjort av demoner fra yttersiden og bånd av demoner på innersiden i personlighet/sjel.

Undertrykkelse fra yttersiden kan løses uten hjelp/ samarbeide av den trengende.

Når det gjelder bønn på dypet og **kaste ut demoner av bundne,**
gjøres det på akkurat den samme måten. Den eneste forskjellen er at ved **utdrivelse/kaste ut demoner av bundne og besatte (også på samme måte)**, er at man gjør det direkte i samarbeid med personen.

Ber man igjennom, så er det en aktuell situasjon i en persons åndsliv i prosessen man tar tak i.
Alt dette underviser jeg om i de kapitlene som følger. Vi kan aldri manipulere et menneske, mennesket har sin egen fri vilje, men det kan legges til rette for at mennesket får muligheten til å ta et valg i rett retning og bli fri. Her er det også mange sider som ikke omhandles i denne boken. Det å komme inn i det intime nære per-

sonlige felleskapet til Guds Ånd, den Hellige
Ånd, Jesus og Gud Fader. Inn i de personlige
fortrolige samtaler med treenigheten, med hver
av de tre personlighetene der er. Videre da andre
åndelige virkeligheter i Kosmos.
Det vil komme i en egen bok sendere.

I bok nr. 2 som heter **Seirende tros bønner**,
kommet de praktiske måtene og be på i henhold
til Bibelens ufeilbarlige ord.

Er du villig

Jeg tror disse enkle bøkene inneholder konsentr-
ert absolutt alt i nøkternhet du trenger for å bli
effektiv i den oppgave jeg akkurat har nevnt.
Dette er ikke en oppgave for alle, men vil bli lagt
på hjertet til noen og utrustning vil bli gitt av
Gud for å kunne utøve dette. Det å ta imot
utrustning for en sli tjeneste, vil koste deg alt i
ditt eget liv. Ditt liv må legges helt ned for Kris-
tus. Du vil gå igjennom en renselses og knus-
ningsprosess fra Herrens side. Det må være han
som står frem i et og alt og ikke noe av deg.
Allerede her, er det mange, som trekker seg fra å
komme inn i en slik oppgave for himlenes rike.
Er du villig til å legge ned hele ditt liv for ham å

bruke de årene som trengs til forberedelser for oppgaven, så trenger Gud deg.

Etter bokens hoveddel, vil jeg ta med et stykke om årsaken til de guddommelige seirer vi alltid har foran oss og som har vært her siden Jesu Kristi forsoningsverk var en realitet og Jesus sa: **Det er fullbrakt** og **Jesu dyre blod** beseiret satan en gang for alle for all evighet. Disse deler må være fundamentet i ditt liv som en troende på Kristus Jesus, uansett hvilken tjeneste du har i livet for ham.

Advarsel

Jeg vil advare drømmere, eventyrlystne, sensasjon søkere, eksperter og andre stolte personligheter til å bevege seg inn på de områdene jeg skal undervise i. Er ikke dine motiver rette og din holdning ydmyk innfor Gud og dine medmennesker, bør du holde deg langt unna dette, så ikke satan skal fare på deg, slik vi har et eksempel om i Apg. 8,12-24, les selv alle versene, jeg tar bare her med noe: Simon kom til apostlene med penger for å få makten de hadde. Samtalen Simon hadde med apostlene endte med at han sa: Bed for meg til Herren for at ikke noe av det dere har sagt, skal komme over meg.

Vi leker ikke med satan og det gjør heller ikke
han med oss. Ikke engang overengelen Mikael
våget å uttale en spottende dom den gang han
trettet med djevelen om Mose legeme, men sa:
Herren refse deg (Judas brev 9).

Jeg vil nevne et alvorlige tilfeller i det og ikke ha
respekt for de åndelige virkeligheter. Forkyn-
neren Artur Kornelius fortalte: Noen studenter i
U.S.A. satt bind for øynene på en kvinne og
førte henne – med hennes tillatelse – frem i bøn-
nekøen hos Oral Roberts. Hun skulle foregi og
være blind, og siden skulle studentene avsløe
Oral Roberts som humbug maker, når kvinnen
forkynte å ha fått sitt syn igjen.
Da kvinnens tur kom til å bli bedt for, kunne
ikke Oral Roberts løfte sin hånd, men sto
forstenet foran kvinnen som nå tok bindet av. Da
hørtes et hjerteskjærende skrik fra kvinnen: Jeg
har blitt blind. Litt senere i møtet ba Oral
Roberts for kvinnen og hun fikk sitt syn igjen.
Som vi her ser, - vi leker ikke med Gud. Deri-
mot, står vi med Gud, står han helt med oss.

Boken

Den første boken er et produkt av forespørsler jeg har fått etter tv programmer. Den er skrevet til de som på en enkel måte ønsker å forstå, hvordan de kan" rive" svarene på bønnene ut av djevelens hender. Jeg ønsker at dette for deg kan være en" hendigbok", litt trendy sagt, men jeg mener da en håndbok, som kan være med deg i Bibelen eller vesken du har Bibelen i. Bok nr. 2 er en bok som understreker og nøye veileder bruken av Guds ord på de forskjellige måter i bønn som det nye testamentet underviser oss om.

Satan og hans demoner

(Ef.6,12) Her skrives det om himmelrommet over oss og rundt oss.

Demonene beveger seg i hele vår atmosfære over hele planeten jorden (Tellus). Satans tanker skytes ut fra de samme områder. Satan og hans demoner er ennå ikke i evig fortapelse, de derimot frykter fortapelsen, for de vet at deres dag kommer og de skal være der i all evighet (Joh. Åp. 20,3 og 10).

Vår seier i Kristus er et evig faktum. Kjenner vi ikke våre evige seirende rettigheter, så holder satan på det som rettmessig er vårt. Derfor sier

Bibelen det så klart – gi ikke djevelen rom
(Ef.4,27). Det gjør vi ikke når vi **vet** våre ret-
tigheter i Kristus og lever de ut.

Dette heftet er ikke for de" overfladiske bønner
uten bønnesvar" – men for de" dype bønnene,
som river svaret ut av satans grep". satan har
våre rettigheter i sitt grep i den grad vi ikke vet
våre rettigheter i Kristus, og da river rettighetene
våre ut av satans hender.

Satan har infiltrert seg med sine demoner i denne
verden som et teppe vevd med menneskelige
tråder og demonisk og sataniske tråder. Tenk deg
hvilken infiltrasjon av demoner som har vokst
siden Adam og Eva og syndefall i Edens hage.
(1mos. 3)

Seieren er vår i Kristus Jesus

Diskuter aldri med satan eller demonene, seieren
er ubetinget vår. Lukk ørene til hans anklager og
fordømmelser, La deg aldri skremme av hans
trusler. alt han sier er bare løgn (Joh.10,10.)
Uansett hvor mye demonisk aktivitet der er, så er
den ubetingede seieren vår.

Identifiser deg selv og din fiende
Bær ditt bønneemnes sjeleangst og kvaler, bær
ditt bønneemne ut i frihet. Så langt som mulig, ta
din bønne emnes plass.

**Bruk din Gudgitte autoritet i Jesu navn uten
å tvile (Jakob 1,6-8).**
I de prøvelsene og i den læringen du nå vil gå,
vil du få mange konfrontasjoner, som gjør at du
må kjenne nøye og seriøst etter, er det Gud, er
det meg selv, eller er det satan. Dette kan ikke
læres ved å lese, kun ved å erfare, gang etter
gang, til slutt forstår du det og du har det.
Ikke nådegaven til å skjelne ånder, men fordi du
har involvert deg og lært, så vil du som en mod-
net kristen (som alle kristne burde bli med tiden,
i vandring med Herren), skjelne åndene i kamp-
ens hete.
Lykke til i din studie og utøvelse av **å be igjen-
nom – seirende tros bønner.**

CONTENTS

KAPITTEL 1

Er du klar?
Del 1

Du må først være sikker på at du lever i full seier, i ditt eget liv. Gjør du det, så vet du det. Den seieren du bærer i deg, er den seieren du er i stand til å bringe ut av deg til hjelp for andre. Du må **vite**, som er skrittet lengre enn å **tro**. Du må leve i overbevisningens område med din tro, på Kristus Jesus og hans forsoningsverk på Golgata.

Det må ikke finnes en skygge av tvil i deg

Det må ikke finnes en skygge av tvil i din åndelige tilværelse angående disse ting. Du må vite uten tvil, at den seieren Kristus Jesus vant, var for deg personlig og alle andre mennesker som er født, og lever eller har levd på planeten jorden (Tellus).

Da Jesus visste at alt var fullbrakt

Deretter da Jesus visste at alt var fullbrakt, for at skriften skulle oppfylles, sier han: Jeg tørster.

Der sto et kar fullt av eddik; de satt da en svamp full av eddik på en isop stilk og holdt den opp til hans munn.

Da nu Jesus hadde fått eddiken, sa han: **Det er fullbrakt**. Og han bøyde sitt hode og oppgav sin ånd.

" Deretter da Jesus visste at nå var alt fullbrakt, for at skriften skulle oppfylles, sier han: jeg tørster.

Der sto et kar fullt av eddik, de satt da en svamp full av eddik på en isop-stilk og holdt den opp til hans munn.

Da nå Jesus hadde fått eddiken, sa han: **Det er fullbrakt**. Og han bøyde sitt hode **og oppgav ånden**." (John 19,28-30)

Du er giganten i ånden med fundament urokkelig på forsoningsverket, som går inn i ånden, kriger og vinner krigen. Du må vite hva du gjør, du har den fulle visshet i hva du gjør.

I Joh.5,4" For alt det som er født av Gud, seirer over verden, og dette er den seier som har overvunnet verden; vår tro."

Du har aldri mer seier utad enn det du har innad. Den seieren du lever daglig i ditt eget liv, er den seieren du er i stand til å utøve utad for andre mennesker. Ingenting mer enn det.
Lever du her, så – Er du klar.

KAPITTEL 2

Forberedelse

Du må sjekke ut deg selv om alt i ditt liv er i ly-
set. Gå innfor Herren og sjekk din samvittighet.
Se at alt er i orden. Har du noen satans snarer på
deg, er du ikke klar for en oppgave som dette.
Da vil demonene se muligheten i å hoppe over
på deg også.
**Har du alle ting i lyset, så be Jesu blod over
deg til beskyttelse. La Kristi blod skjold
dekke deg.**

De seiret over ham, satan, i kraft av lammets
blod og det ord de vitnet.

Bibelen sier:" Og de har seiret over ham, satan i
kraft av lammets blod og det ord de vitnet, og de
hadde ikke sitt kjært, like til døden." (Åp. 12,11)

Kristus, med sitt eget blod, vant en evig forløs-
ning og satan var for evig en beseiret fiende.

5

Jesu Kristi dyrebare rene blod er vitnet på
nådestolen i himmelen som det evige pakts
blodet, med en evig beseiret satan i ildsjøen -
tenk for evig.

Heb. sier:" Og ikke med blod av bukker og
kalver, men med sitt eget blod, en gang inn i hel-
ligdommen og fant en evig forløsning."
(Heb 9, 2)

Uten blod blir utgytt, skjer ingen forlatelse
Heb. sier videre" Og nesten alt blir etter loven
renset med blod, og uten blod blir utgytt, skjer
ikke tilgivelse." (Heb 9, 22)

Er du her nå,
så kjenner satan deg og du kjenner ham, forbere-
delsene er gjort. Du er giganten som går inn i
dypet i ydmykhet, men med autoritet i Jesu
navn.

I Johannes sier:" Alt det som er født av Gud,
seirer over verden, og dette er den seier som har
overvunnet verden, vår tro." (1 Joh 5, 4)

KAPITTEL 3

Gå fremover

Når du nå går fremover mot satan, så stopper du aldri. Hvis du stopper, så begynner han å skyve, du kan da bli vippet bakover til tilbake slag i kampen. Gå fremover hele tiden. Når du går imot, så gå imot og igjennom til seier. Se igjennom, til seier hele tiden. Igjennom satan og demonene, du stopper ikke foran dem, du går hele tiden fremover og igjennom til seier.
Seieren vår er vunnet for 2000 år siden, men satan har urettmessig tatt våre områder, fordi vi ikke har gjort krav på våre rettigheter i Kristus. Nå er det slutt, vi gir ikke satan rom.

Efeserbrevet sier:" Gi ikke satan rom"(Ef 4, 27)

Det du nå gjør er å kreve din rett, enkelt og greit. Men satan har hatt denne vår rettighet uforstyrret så alt for lenge, og har sett så mange svake kristne, som han ikke har brydd seg noe om.

Når det kommer en gigant som deg, så er han ikke vant til slikt, han har bare sett svake kristne. Han tror du blir lett match, men får sjokk, når han ser deg. Du bare går fremover og har ikke tenkt å stoppe. satan vet han har "trøbbel". Du går fremover. Husk! Mennesker rundt deg er satans førstevalg av redskaper for å knekke deg. Vær nøye med hvem du har rundt deg. Ha kun de "troende kjempene rundt deg" De som kan løfte deg, ikke dytte ned.

KAPITTEL 4

På VEIEN inn i dypet

Når du nå går inn i ditt lønnkammer alene eller sammen med flere. De første gangene, anbefaler jeg deg å gå i lønnkammeret alene. Du må nok gå flere ganger alene i lønnkammeret. Da finner du raskt ut, om du alltid skal være i lønnkammer alene eller med noen. Jeg tror det blir alene, men en støtte kan kanskje være god i begynnelsen.

Du må innhente og forstå din posisjon og plass i ånden. Dette kan ta tid. Husk du er giganten i Kristus Jesus. Bøy dine knær og lukk dine øyne. Eller en annen posisjon som er behagelig for deg.

Inn i lønnkammeret alene. Når du går inn i ditt lønnkammer alene, så er dette din personlige helligdom, din personlige arena, hvor du har satt deg tilside med Gud. Gud er ånd og du skal ha

kontakt med han i den åndelige verden. Det er
her i den åndelige verden også satan beveger
seg, så det er her vi møter han og hans demoner.
Det er her du lærer satans måte å arbeide på. Du
kan avsløre ham og beseire ham.

Sørg for at ditt lønnkammer er uten forstyrrende
lyd, synsinntrykk, ja, alle ting som vil kunne ap-
pellere til dine sanser. Lukk skoddene til
sansenes vinduer og åpne skoddene innover i
ånden.

Nå er det ikke inntrykk utenifra som vi skal kon-
sentrere oss om. Nå er det ene og alene den ån-
delige verden, vi søker størst mulig kontakt med
den for å få utført våre oppdrag.

Det er også her i ånden vi opparbeider vårt aller
mest intime forhold til Gud. Her i ånden er det
flere arenaer du vil lære å kjenne.

**Konsentrer deg om arbeidet med å få roet ned
din sjel**

Nå må vilje livet ditt inn for fullt. Det første du
gjør, er å løfte alle kjødes gjerninger ut på dis-
tanse, du ser det der ute, du har kontrollen over
det.

Du legger din sjel/personlighet under din viljes

kontroll. Har du kontroll på dette, lever du i seier over kjødet.

Ikke rom for kjødet

Viser det seg at du har problemer på områder i ditt kjød, så må det i sin helhet ordnes opp og fås seier over og leves i seier over. Før du prøver deg på det som vi nå er i gang med. Du vil ikke komme inn i noe av dette, uten seier i ditt eget liv. Derimot vil du være blink for demonene. Det ligger an til enda mer problemer enn du har hatt så langt.

Men er seieren i ditt liv soleklar, da går du videre.

Under Herrens autoritet

Nå lar du din vilje bevisst være under Herrens autoritet. Nå er du i gang med å få disiplinert og roet ned din personlighet/sjel. Dette er 100 % nødvendig.

Satan vil gjøre alt han kan for å uroe deg. Han vil ikke du skal vinne seieren her, så du kan gå videre inn i ånden. Husk vi lever i en åndelig verden først og fremst

Det åndelige slaget er i gang
Djevelen forsøker å slå deg ut ved oppstarten.
Kan du se hva jeg snakker om. Jeg vet du gjør
det. Alle åndelig angrep kommer igjennom våre
følelser og tanker, med begjær og andre
forstyrrende tanker. Dette er eneste måten djeve-
len kan få kontakt med deg på, ja forstyrre deg
på.
satan vil angripe deg i ditt liv, gjennom følelser
og tanker. Alt i ditt liv er lagret på din personlige
hardisk, i din sjel/personlighet. Her fisker satan.
Derfor må alle sanse inntrykk til deg stoppes
mulig av deg, du må med din vilje liv roe ned alt
du kan av dine følelser og tanker.
Tanker og følelser går alltid imot hverandre. **Det
du føler, tenker du. Det du tenker føler du.**

**Djevelen vil ikke du skal gå inn i dypet i Ån-
den.** Dette må være soleklart for deg. Her skal
du vinne dine seire - i dypet.
Når seieren er vunnet her i personlighetens/sje-
lens arena, er du klar for å gå videre.
Den sjelelige/personlighets kamp kan vare i time
etter time. Er du klar for dette, eller vil du gi opp
før du kommer i gang?

Dette kan vare i dagevis, før du er klar for dypet.
Dette er det ikke mange som er villige til. Faste
kan være et hjelpemiddel her. Fast gjerne igjen-
nom hele bønneprosessen

I Gal sier Paulus:" Men jeg sier: Vandre i Ånden,
så skal dere ikke gjøre kjøttets begjæringer.

For kjøttet begjærer imot Ånden og Ånden imot
kjøttet. De står hverandre imot, så dere ikke skal
gjøre det dere vil." (Gal 5, 16 – 17)

Det er alltid noen ting, noe som ikke en gang be-
høver å være så stort. Er det noe lite eller stort i
kjøttet, så er det et hinder, **nå satses alt for
seieren.**

Hvorfor faste?
Jo, for en hensikt, du får en større konsentrasjon
om de åndelige ting,
enn konsentrasjonen på de fysiske ting. Du blir
mye klarere i det sjelelige og det åndelige.
Dette er eneste hensikten med fasten.

2 Kor synes jeg passer fint i sammenhengen. "
Men viser oss i alt som Guds tjenere, ved stort

tålmod i trengsler, i nød, i angst, under slag, i fengsel, i opprør, i strengt arbeid, i nattevåk, i faste." (2 Kor 6, 4 – 5)

Vi står på, satser alt og vinner alt.

Du kan gjøre avbrekk i bønneprosessen, men la djevelen forstå hvor du står i seiers prosessen, la ham tydelig forstå at du kommer tilbake med styrke og går videre fra der du var.
Dette kan du gjøre, når du har brutt **igjennom på dypet** og har funnet din posisjon. Men allikevel vil jeg anbefale deg å stå på til hele seieren er vell i havn.
Husk du er giganten. Her må du være helt bevisst, ja være superklar på hvem du er i Kristus, og stå og gå på den overbevisning.
Det aller beste er selvfølgelig å ikke ha noe avbrekk i prosessen, men bruke den tiden du trenger til å komme ned i dypet **å" rive" seieren ut av satans klør og ta den ut i vår sjelelige/ fysiske verden.**

Har du nå kommet igjennom første runde og fått roet ned sinn og følelser og beseiret alt som vil hindre deg i å gå videre, -

Da er du klar for runde 2.

Du har brukt timer eller kanskje dager på denne prosessen. Dette krever stor innsatsvilje å få til. Kommer du først i gang, er du glad du satset for å komme igjennom til dypet. Da vil du oppleve at du ikke vil være noe annet sted enn akkurat her.

Nå er du" **klar for dypet"**.

(Her er det mer å si, som jeg vil ta i samlinger og grupper).

KAPITTEL 5

Dyret i dypet
du går fremover – satan rygger

Nå møter du satan i dypet. Du går fremover hele tiden. Når du går fremover rygger djevelen hele tiden, han rygger for hvert skritt du tar. Stopper du, stopper han. Går du bakover, kommer han etter. Dette skjer hver gang, dette er mine egne erfaringer siden dag 1.

NB Når du har seier i kjødet, alt i lyset og er beskyttet av Jesu Kristi blod kan du være frimodig og djerv som en gigant. Du befaler satan og demonene som er med ham, å forlate offeret å aldri komme tilbake.

Dette gjør du kun en gang og signerer med" i Jesu navn". Nå står hele Kristi seier bak deg, seieren som allerede har vært det i 2000 år, har nå kommet frem til åpenbarelse i dette ditt tilfelle. **Husk befalingen gis kun en gang, gjør** du det en gang til, så viser du djevelen at du ikke stoler på Herren og hans ord og djevelen angriper. Slipp ikke overtaket, seieren er din i Jesu navn.

Det du gjør som oppfølger

NB Det du gjør som oppfølger. Du går fremdeles mot satan, men nå priser Herren for seieren som nå er et faktum. Nå godtar du ikke noe annet, uansett hva dine omstendigheter måtte fortelle deg.

Gå aggressivt ut imot djevelen. Du er giganten i Jesu navn.

Bygg seiers mur – som for alltid står.

KAPITTEL 6

Gigantens styrke

Alt det som er født av Gud, seirer over verden, og dette er den seier som har seiret over verden, vår tro.

1 Vi leser:" Alt det som er født av Gud overvinner verden og dette er den seier som har overvunnet verden, vår tro" (1 John 5, 4)

Nå må du stå fast på din tro. Nå må du ha det usynlige for øyet, ikke det synlige, det synlige er timelig, det usynlige er evig og seirende.

Det er her din åndelige styrke skal vises og under vandringen din mer og mer utviklede kjennskap.

2 kor sier: «Så som vi ikke har det synlige for øye, men det usynlige, for det synlige er timelig, men det usynlige er evig". (2 Kor 4, 18)

Vi holder fast på det usynlige og får seieren frem i det synlige.

Vi gir hele vår tillit, tro, overbevisning til det skrevne Gud Jehova`s (Den selveksisterende som åpenbarer seg) løfter som er gjeldende fra Kristi forsonings død for oss og som fullkomne seier over satan og hans demoner for all evighet.

KAPITTEL 7

Du må bruke din gudgitte autoritet i befalingen til satan og demonene

Mark sier: Det ble sagt om Jesus:" Straks alt folket så ham, ble de forferdet og løp til og hilste ham. Han spurte dem: Hva er det dere tretter om. Og en blant folket svarte: Mester, jeg har ført til dem min sønn som er besatt av en stum ånd. Og når den griper han sliter den i ham, og han fråder og skjærer tenner og visner bort. Jeg ba dine disipler drive den ut, og de var ikke i stand til det. Jesus svarte dem og sa: Du vantro slekt, hvor lenge skal jeg tåle dere, før ham hit til meg" (Mark 9, 15 – 19)

Les alle versene, så ser du Jesus med en enkel bestemt autoritet, fikk demonen til å gå. **På samme måte blir det med oss i dypet, når**

forutsetningen er møtt, som vi her har snakket om. Du utøver Guds makt i Jesu navn på forsoningens grunn i ydmykhet og renhet. Satan og demonene må gå. Det er en absolutt hendelse som vil skje.

Jeg sier det igjen, gå aggressivt ut imot djevelen. Dø i dine egne forestillinger, gå hardt som stål imot satan, seieren er din i Jesu navn. La satan rase med alle sine tanker og følelser. Du står fast. La deg ikke kaste og drive av ethvert lærdoms vær – ja, satans løgn tanker og følelser,

Efeserbrevet sier:" Stå **fast.**" (Ef 4, 14)

Satan gir seg ikke før han er i sjøen med ild og svovel hvor han pines natt og dag i all evighet – men da er han der.

KAPITTEL 8

Hold grepet å gå ut med seieren

Nå kan du forlate kampområdet. Stå fast i troen og seieren. Da kommer ikke satan og demonene til igjen. La tryggheten i deg være absolutt. satan vil komme med noen anslag, gjennom tanker, følelser og andre mennesker. Når han ser redskapets, (deg) absolutte sikkerhet og holdning, stikker han.

Jeg husker ved en anledning, en kvinne ville bli utfridd. Hun forventet en lang episode med utdrivelse. Jeg befalte demonen å forlate henne i få ord i Jesu navn, så forlot jeg kvinnen. Jeg hadde bare kommet noen få meter vekk med ryggen til. Da hørte jeg demonene skrike i kvinnen og de alle kom ut. Kvinnen var fri. Dette har jeg opplevd over hele verden siden jeg var en ung gutt. Etter hvert som en holder på med dette, vet satan at Jesu er med en, så seieren kommer mye raskere enn i begynnelsen.

 Det er store muligheter for et overvinnende liv, for all som kjenner for kallelse til en tjeneste som dette. En tjeneste som dette vil koste deg alt, det vil koste deg livet på samme måte som enhver Guds Ånds tjenester gjør. Du må være villig til et liv med, prøvelser, forsakelser, mis- forståelser og lidelser. Dette er ikke noe man" prøver".

Det er ikke bare et enkelt knips med fingeren og så si: Jeg er mer enn en overvinner i ham, fordi Bibelen sier det. Bibelens ord må følges, ja ad- lydes så vi kommer i posisjonen for å leve som Giganten – overvinneren.

" Alt det som er født av Gud overvinner verden, og dette er den seier som har overvunnet verden, vår tro." (1 Joh.5,4)

Ja, hvis du betaler prisen for det, prisen er selv livets død.

Autoriteten er vår i Jesu navn.

John: Jesus sa: Dersom dere blir i meg og mine ord blir i dere, da be om hva dere vil og dere skal få det. (John 15, 17)

Autoriteten er oss gitt, når forutsetningene møtes.

Når vi gjør vårt – står hele himmelen oss i ryggen med hjelp. Pris Herren for seieren. Jeg sier det igjen, vi har ikke det synlige for øyet, men det usynlige. Det synlige er timelig, det usynlige er evig. Stå fast, pris Herren, seieren er vår.

KAPITTEL 9

Hinder for seier i dypet

Vedkommende som ønsker utfrielse – må virkelig ønske utfrielse. Vedkommende må ha et inderlig ønske om det. Videre må vedkommende etter utfrielsen, ønske av hele sitt hjerte å leve helt for Kristus, slik at gjenfødelsen kan forbli et faktum. En stor viktighet er det og bli døpt i den Hellige Ånd og ild raskt etterpå. Og igjen å lære seg å holde på sin frihet igjennom Bibelen. Dette skrive jeg utfyllende om i boken min "Virkelig fri".

Hvis vedkommende som ønsker utfrielse, ikke ønsker dette, vil det kun bli et forsøk med tomme tønner som skramler uten resultat. Hvis det heller ikke tas seriøst etter utfrielsen, vil den ånd som ble drevet ut, ta med seg syv andre ånder, verre enn seg selv (Matt.12,43-45) Les dette nøye.

Så vi ser dette må gjøres seriøst. Det må gjøres med seriøsitet av den som tjener i Herren, og i alvor for den som ønsker utfrielse. Nå har jeg nevnt litt om en direkte konfrontasjon med den som ønsker utfrielse.

Det vi her i boken omhandler er forbønn i dypet, de åndelige prinsippene for utøvelsen av det åndelige arbeidet alltid de samme.
(Her bruker jeg liten å, fordi jeg snakker om åndelighet generelt. Snakker jeg om Gud Jehovas Ånd, er det med stor Å. Jehova er far til Jesus Kristus).

I den indirekte konfrontasjonen – Bønn i dypet

Hvis vi legger vi til rette for den plagede, slik at vedkommende får muligheten til å ta et valg. Valg til å ta imot Jesus som sin frelser. Utdrivelse av demoner, er enklere når man er i nærkontakt med vedkommende.

Samtaler på forhånd for å klarlegge for begge parter er et meget viktig hjelpemiddel. Store ting kan oppnås på lange avstand også når man går i bønn på dypet, bare man holder seg til Guds ord, Bibelen.

Men ingenting er som når man er til stede, med vedkommende plagede person.

KAPITTEL 10

Bygg seiers mur som alltid står

Etter utfrielsen, lev et bevisst overgitt liv til Kristus. Bygg opp et nært kjærlighets forhold til ham. Bli for alltid levende nær til hans hjerte. La Kristus forbli det viktigste i hele din tilværelse, la ham være ditt alt. Det er det han bør være for oss alle. Han er livet (Joh. 3,16, Joh.14,6).

2 Korinterbrevet sier:" For våre stridsvåpen er ikke kjødelige, men mektige for Gud til å omstyrte festningsverker, Idet vi omstyrter tankebygninger og enhver høyde som reiser seg mot kunnskapen om Gud, og tar enhver tanke til fange under lydigheten mot Kristus" (2 Kor 10, 4 – 5)

Bygg deg solid opp med Guds skrevne ord, lev å utvikle nøye ditt kjærlighets forhold til

Kristus. La hans liv alltid stråle igjennom deg, som et ydmykt redskap for Ham.

Efeserbrevet sier: Og grip foruten alt dette troens skjold, hvormed dere skal kunne sluke alle den ondes brennende piler. Og ta frelsens hjelm og Åndens sverd, som er Guds ord. Idet dere til enhver tid ber i Ånden med all bønn og påkallelse." (Ef 6, 16 -18)

Du er kun uovervinnelig, så lenge du vokter muren.

Mur vokteren lever nær til Kristi hjerte og i pakt med Guds ord, Bibelen. Satan gir seg ikke før han er i fortapelsen evige piner – men da er han der – Han er evig beseiret – og hans tid er nøye målt.

Det er vår tid og som Herrens barn – den er evig i herlighet.

Det er ingen lett vei – men der er en vei.

D e l 2

Be i ånden mot ånd
Be i kjødet mot ånd

Vi kan være på bønnemøter, vi kan be korrekte bønner, men får vi svar på bønn. Plutselig en dag gikk det et lys opp for meg angående saken. Hva skjer hvis jeg ber i kjødet, i det sanselige imot det åndelige for bønnesvar? Jeg hørte jeg sa til meg selv, det skjer ingenting.
Vi lever i den nytestamentlige tid og langt ut i den, vi har passert middelalderens problemer og kommet inn i større lys i ordet. Vi ser stadig mer i Ordet, men hjelper det oss noe, hvis vi bare ber fra kjødet mot ånden. Må vi ikke bruke åndelige våpen mot åndelige fiender ....?

I Gal sier Paulus til galaterne:" Vandre i Ånden, så skal dere ikke fullbyrde kjødets begjæringer.

For kjødet begjærer imot Ånden, og Ånden imot
kjødet, de står hverandre imot, så dere ikke skal
gjøre det dere vil"

Forvirringen kommer inn på banen

Her ser vi forvirring også kommer inn på banen.
Det er Satan ut ifra det åndelige som kommer
med det som vi da aksepterer i kjødet.
Herren krever i sitt ord hvis vi virkelig ønsker å
tjene han, at han er Herre og at vi da adlyder
hans ledelse.

Da er Paulus brev til Romerne ypperlig:" Der-
som du med din munn bekjenner Kristus som
Herre, og i ditt hjerte tror at Gud oppvakte ham
ifra de døde, da skal du bli frelst." (Rom 10, 9)

Jesus som Herre er en første nødvendighet, ikke
kjødet som Herre, men Kristus i hans Ånd. Hør
videre hva Jesus sa til disiplene:

Joh. 15,7" Dersom dere blir i meg, og mine ord
blir i dere, da be om hva dere vil og dere skal få
det". (John 15, 7)

Hva sier han, jo, vandre i min Ånd, vi ber i ånden vi ber i Guds Hellige Ånd, den seirende Ånd og beseirer satans ånd. Så vær bevisst i den Hellige Ånd når du ber for svar.

Hør hva Paulus sier til Korinterne:

2 Kor" For våre stridsvåpen er ikke kjødlige, men mektige for Gud til å omstyrte festnings -
verker,
Idet vi omstyrter tankebygninger og enhver høyde som reiser seg mot kunnskapen om Gud, og tar enhver tanke til fange under lydigheten mot Kristus". (2 Kor 10, 5)

KAPITTEL 2

Kamp i ånden, er kamp med tanker - tanker er åndelig

Hør hva Jesus sier i Matt.9,4 Da Jesus så deres tanker, sa han: Hvorfor tenker dere så ondt i deres hjerter?

Jesus så inn i ånden og så tankene. Vi ser det igjen i: Matt" Men da Jesus visste deres tanker" (Matt 12, 25)

Videre i Luk" Men det kom en tanke op i dem om hvem som var størst iblant dem

Men da Jesus så deres hjertes tanke" (Luk 9, 46 - 47)

Det er ikke vanskelig å lese og forstå, åpenbaringen ligger så opp i dagen. I stor grad er det på denne måten satan angriper og vi må ta ham med Guds Ord når vi bare sørger for å være i ånden, slik at Guds Ånd i oss i ordet går imot satans ånd og vinner seier.

Det som skjer med de fleste kristne, er at de ikke kobler tanken opp imot det åndelig i det hele tatt.
De tenker tanker er tanker, ja det er riktig, men de er åndelige. Alle våre tanker uansett er åndelig. Tanker og følelser er en viktig bestanddel i vårt ånds liv. De kan ikke skilles, enhver tanke gir en følelse og enhver følelse gir en tanke. **Forstyrrelser i tankelivet når du skal be er demonisk, forstyrrelser i tankelivet er åndelig behandle det der etter.**

KAPITTEL 3

Hent ut dine seiere i åndens verden

Dyp bønn i G.T. før forsoningsverket under andre vilkår, ledet av Gud Jehovas ånd

Vi leser fra 1 Kong.18,41-46" Så sa Elias til Akab: Gå nå opp og et og drikk! For jeg hører regnet suse.

Da gikk Akab op for å ete og drikke, Men Elias gikk op på Karmels topp og bøyde seg mot jorden med ansiktet mellom sine knær.

Så sa han til sin dreng: Stig op å se ut mot havet! Og han steg op og så ut, men sa: Det er ikke noe å se. Syv ganger sa han: Gå dit igjen.

Den syvende dag sa han: Se, en liten sky, så stor som en manns hånd, stiger op fra havet. Da sa han: Gå opp å si til Akab: Spenn for og far ned, så ikke regnet skal oppholde deg.

Og i en håndvending sortnet himmelen til med skyer og med storm, og det kom et sterkt regn; og Akab kjørte av sted og for til Jisreel.

Men Herrens hånd kom over Elias, han omgjorde sine lender og sprang foran Akab like til Jisreel." (1 Konge 18, 41 – 46)

Her ser vi et fint eksempel på å gå dypt i bønn fra det gamle testamentet under andre forutsetninger enn vi har i dag.
Det forhindrer ikke at Gud Jehova hadde sine måter å virke sin vilje igjennom på, som vi da ser her igjennom profetene.
Elias gikk inn i ånden målbevisst i tro og forventning til seieren kom og den kom. Herren hadde selvfølgelig hatt Profeten Elias i opplæring og utprøving igjennom år før de store oppgavene og den åndelige forståelsen kom.
Her ser vi han fikk en guddommelig energi over sitt fysiske legeme på en slik måte at han løp foran hestene til Akab hele veien til Jisreel.

Tenk deg hva du kan utrette i den **dype bønnen** som du nå er på vei inn i. Dette vil bli som et eventyr for deg og du vil ikke lenger annet enn å være i bønn i ånden.

Dyp bønn i Getsemane have.

La oss gå til Jesus i bønn i Getsemane have Luk.22,41-44" Og Jesus slet seg fra dem så langt som et steinkast, og falt på kne, bad og sa:

Fader om du vil, la denne kalk gå meg forbi!
Dog skje ikke min vilje, men din!
Og han kom i dødsangst og bad enda heftigere,
og hans svette ble som blodsdråper, som falt ned
på jorden." (Luk 22, 41 – 44)

Her ser vi Jesus i dyp bønn den siste bønnen før korsfestelsen. Han gikk målbevisst inn i åndens verden, som han visste så godt hvordan han skulle gjøre. Han måtte gjøre det for å møte Gud og samtale med ham. Dette gikk så konsentrert og kraftig for seg at **hans svette ble som blods dråper**.
Her tok Jesus den siste store avgjørelsen, som igjen førte ham til Golgata kors hvor han

fullførte det verk han var kommet for å gjøre –
det fantastiske forløsningens under for deg og
meg.
Det er i **dypet i ånden** og bønnen vi henter
svarene og får veiledningen fra Gud.

Dyp bønn på korset

John" Deretter, da Jesus **visste at nå var alt
fullbrakt**, for at skriften skulle oppfylles, sier
han: Jeg tørster"
Der sto et kar fullt av eddik, de satt da en svamp
full av eddik på en isop-stilk og holdt den opp til
hans munn. Da nu Jesus hadde fått eddiken, sa
han: **Det er fullbrakt**. Og han bøyde sitt hode
og oppgav ånden." (John 19, 28 – 30)

Her i Jesu siste minutt før han oppgir ånd ser vi
han er i det fysiske og det åndelige. Her er
kommunikasjons linjen i ånden åpen til Gud Je-
hova samtidig som han også er bevisst i det fy-
siske.

Jesus visste det var fullbrakt.

Her ser vi Jesus i det fysisk bevisste hvor han
overvåker situasjonen, og ser at alt går etter
skriften, så den oppfylles. Jesus gikk nå **inn i**

ånden tok all verdens synd på seg, ble gjort til
son offer for dine og mine synder.

Deretter ut i det fysiske bevisste
og sier: Det er fullbrakt og han oppgir ånden,
han gir sitt liv for menneskeheten.

Den evige siste store seieren er vunnet.

KAPITTEL 4

Det er 3 måter å få bønnesvarene frem på i den fysiske verden:

Nr.1 Vi binder de aktuelle demonene i ånden og befaler de å forlate mennesket i den naturlige/fysiske verden. Dette gjør vi da vi er i ånden i lønnkammeret.

Nr.2 Vi binder den aktuelle demonen i ånden og løser vedkommende person i den naturlige/fysiske verden da vi er til stede med vedkommende.
Vi binder ikke demonen her, det har allerede blitt gjort i åndens verden.

Nr. 3 Vi er bevisst vår tilstand i ånden, mens vi er i det fysiske og binder og løser der. Da gjøres begge deler der i den naturlige/fysiske verden.

Disse bønnene avsluttes alltid med signaturen" i
Jesu navn"

KAPITTEL 5

Sykdomsånder som angriper direkte på legemet

Det er en annen avdeling med sykdomsånder som går rett på legemet, noen fra yttersiden og inn i legemet, mens andre igjen kan komme via tanker fra demoner og inn vårt tankeliv, inn i vår personlighet/sjel og derfra inn i legemet.
Vi ber og tror med troens lydighet imot Guds Ord i Ånden og beseirer demonene i ånden og resultatet kommer i det fysiske.

KAPITTEL 6

Vil du høre Guds stemme

Vil du høre Guds stemme må du inn i åndens verden, du må forstå at tanker er åndelig. Alle" forstyrrende" tanker som kommer til deg, uansett hvor alminnelige og personlige de måtte være, er fra Satan som ikke vil du skal få roet ned tanker og følelser og skjelne, forstå, hvor tankene kommer fra.

Det kan ta lang tid, ja timer, uker ja måneder innfor Herren offensivt, før det begynner å stabilisere seg forståelse av dette for deg.

Du må kunne skjelne mellom Guds ord i din stemme/tankeverden og dine egne ord i din stemme/tankeverden.

Klarer du å legge alt til stillstand i dine følelser og tanker, holde roen i et sekund, så vil du høre Guds stemme. Nå som du forstår hvordan skjelne Guds ord fra dine ord i din stemme/tanke er du på rett vei.

Husk for Herren er 1 dag som tusen år, han kan fortelle deg det han vil på et sekund, det som er 1. sekund for deg er ca. 21/2 dag for Herren (Det er regnestykket 1000 år er 1 døgn).

Når du må finne sekundet, så kommer tanken/ stemmen. Her er det ikke bønne hyl, Jeriko marsjer og krigs tunger. Dette er virkeligheten.

Virkeligheten i stillheten med Gud

Virkeligheten i stillheten med Gud, hvor du er hjelpeløs og uten forsvar. Du lengter og er avhengig av å høre fra Gud fader, slik at livet ditt kan leves til sitt fulle potensial i hans vilje. Her i dette 1. sekund kan Herren få gitt deg all informasjon du trenger.

Finne roen før du går videre – be i tunger

Hør hva 1 Kor sier. " Den som taler i tunger oppbygger seg selv".(1 Kor 14, 4)

Når du går inn i bønn på denne måten, kan du vil roe ned før du går videre. Har noe forstyrrende dukket opp, eller du trenger litt hvile i frem- marsjen. Kan du be i tunger inne i deg og så går du på igjen jobber og jobber for å få tanker og følelser til å legge seg helt i ro. Be i tunger å arbeide med å få alle tanker til å bli stille. Selv det å tenke at det skal bli stille er og en tanke, den må og roes ned.

KAPITTEL 7

Lønnkammer bønn
i den Hellige Ånd

La oss se litt på hvordan komme inn i"
lønnkammer bønn"

Lønnkammer bønn betyr: Ro i lite rom, i menneskes indre, Ordspråkene sier:" Menneskets ånd, er en Herrens lampe, den ransaker alt i menneskets indre." (Ord 20, 27)

Komme avsides og finne roen

Mark sier:" Og Jesus sa til dem: Kom nå dere med meg til et avsides til et øde sted og hvil dere litt ut." (Mark 6, 31)

Matt sier:" Jesus sier: Men du, når du ber, **Gå inn i lønnkammeret ditt**; Og når du har lukket døren din, skal du be til din far som er i det skjulte. Og din far som ser i det skjulte, skal lønne deg åpenlyst." (Matt 6, 6)

Trening – som tar lang tid – få lukke sansenes porter – å legge kjøttet i ro.

Gal sier: Men jeg sier: Vandre i Ånden, så skal dere ikke fullbyrde kjøttets begjæringer
For kjøttet begjærer imot Ånden og Ånden imot kjøttet, de står hverandre imot, så dere ikke skal gjøre det dere vil. Men dersom dere drives av Ånden, da er dere ikke under loven. Men Åndens frukt er: kjærlighet, glede, fred, langmodighet, mildhet, godhet, trofasthet, saktmodighet, avholdenhet, mot slike er loven ikke." (Gal 5, 16 – 18 og 23)

Ordspråkene sier: Menneskets ånd, er en Herrens lampe, den ransaker alt i menneskets indre." (Ord 20, 27)

La oss lese Matt:" Og seks dager der etter tok Jesus med seg Peter, Jakobs bror Johannes og førte dem avsides opp på et høyt fjell Og han ble forklaret for deres øyne, og hans åsyn skinte som solen, og hans klær ble hvite som lyset". (Matt 16, 1 – 2)

Vi leser videre i Lukas:" Jesus sa til sine disipler, jeg overgir riket til dere, som min far overgav det til meg, for at dere skal ete og drikke ved mitt bord i mitt rike." (Luk 22, 29 – 30)

Vi ser videre på Efeserne: Han oppvakte oss med ham og satte oss med ham i himmelen, i Kristus Jesus (Ef 2, 6)

Salmisten sier: Herren, hærskarenes Gud, er med oss; Jakobs Gud er vår faste borg. (Salme 46, 8)

Salmisten sier igjen: Mot den mektige fiendes makt, vil jeg bie på deg, for Gud er min borg." (Salme 59, 10)

KAPITTEL 8

Ved Herrens bord – bordet i lønnkammeret

Vi leser i Lukas: Jesus sa til sine disipler, jeg overgir riket til dere, slik som min far overgav det til meg, for at **dere skal ete og drikke ved mitt bord i mitt rike.;**" (Luk 22, 29 – 30)

Efeserbrevet sier:" Han **oppvakte oss med ham og satte oss med ham i himmelen**, i Kristus." (Ef 2, 6)

Paulus sa til Efeserne:" Og **ved troen på ham har vi adgang med tillit,**

Vi deler nå selskap med Moses, Aron, Nadab, Abihu og de 70 av Israels eldste som spiste ved Herrens bord på Sinai fjellet." (Ef 3, 12)

2 mos: Og de så Israels Gud. Under hans føtter var det liksom et gulv av gjennomsiktig safirsten, klar som selve himmelen. Han løfter ikke sin hånd mot de fremste av Israels barn, **men de skuet Gud og åt og drakk.**" (2 Mos 24, 10 – 11)

2 Samuel sier: Da David var blitt konge, avsatte han plass ved sitt bord til Jonatans sønn, Mefiboset: Vær ikke redd, jeg vil gjøre vell imot deg for din far Jonatans skyld … **du skal alltid ete ved mitt bord.** (2 Sam. 9,2)

KAPITTEL 9

Hvordan komme til Herrens bord i lønnkammeret i ånden?

Nå snakker vi om å tre inn i et område av den åndelige verden hvor Gud har møtestedet mellom ham og oss. Møtestedet i den Hellige Ånd i åndens verden. Hvis vi skal inn her må vi ut av sansene og kjøttets dominans verden, og over i den åndelige Gud Jehovas verden.

Ditt lønnkammer er inne i deg

Det er en grensesprengende dimensjon som er inne i deg, samtidig som den er på det himmelske sted utenfor universene. Vi har møtestedet inne i oss som samtidig er millioner av lysår unna, på det stedet vi en gang reiser til.

Slapp helt av tro dette, det er slik det er. Du er på vei inn i et helt nytt liv og en helt ny dimensjon.

Hvordan komme inn i lønnkammeret

For å komme inn i ditt lønnkammer må vi bevisst avskjære kjøttets gjerningers mulighet til å influere deg og du må eventuelt omvende deg av hele ditt hjerte, fra deler i kjøttets gjerninger, som har vært et problem for deg. Deretter lukke bevisst sansenes inngangs dører til deg fra sansenes verden rundt deg. Gi nå konsentrasjon mot Gud Jehova og lytt og se i ånden.

KAPITTEL 10

Krigen er i gang

Oppgi dine følelser og tanker. Nå må følelsene og tankenes påvirkning på deg legges helt i ro, så du kan bli i stand til å høre Guds tiltale fra den Hellige Ånd.

Nå hamrer spesielt tanker imot ditt sinn som du må gi dyp konsentrasjon for å slippe. **Du må slippe tanken på at de skal slippe, for det er og en tanke.**

Dette blir en trening for seg som vil ta lang tid, ja, uker, måneder ja lenger tid enn det.

I denne lange prosessen vil du begynne å oppleve nye ting kommer frem i ditt bønneliv. Opplevelser som kommer før du kommer frem til full seier, i det vi her snakker om.

En helt ny verden vil åpne seg opp for deg. Din opplevelse og måte å være i bønnen på, vil i mange ting bli annerledes fra andres opplevelse. Dette er meget personlig og derfor veldig individuelt.

53

Salmisten sier: 33,9 sier:" Gud talte og det
skjedde han bød og det stod der". (Salme 33, 9)

Et annet sted sier ;

2 Peter:" Men dette ene må dere ikke være
blinde for, dere elskede, at en dag er i Herrens
øyne som tusen år, og tusen år som en dag".
(2 Peter 3, 8)

**Kan vi klare et sekund å være fri fra tanker
(som er åndelig) så er Herren der med sin tale
og kan fortelle deg tusen års historie i det ene
sekund. Hvilke dimensjoner, de er rett ut
Guddommelige.**

**Kampen om sinnet er med tanker og tanker
er åndelig**

Ef 6.16" Grip foruten alt dette, troens skjold
hvormed dere skal kunne slukke alle den ondes
brennende piler" (Ef 6, 16)

Så vi ser fiendens våpen er tanke piler. Han vil
ikke at du får det roet ned, så du kan høre Guds
stemme, **men det kan du med trening.**

En åndelig valg kamp

For å komme igjennom siste motstand i øyeb-
likket, må du tro det er Herren som taler til deg, i
dine tanker. Her kommer Satans tanke piler ig-
jen. Her må du legge ting igjen til ro finne og
fokusere på det du vil tro. Tror du det, er du
inne.

Del 3

Nådestolen (Hilasterion)
Var Herrens tronstol og spesielle åpenbaringssted

Herren sa til Moses:" Og jeg vil komme sammen med deg der, fra nådestolen mellom begge kjerubene som er på vitnesbyrdet ark, vil jeg tale med deg å si Israels barn." (2 Mosebok 25,22)

På den store forsonings dagen, gikk ypper-stepresten inn i det aller – helligst. Da gjorde han soning for sine og folkets synder, nåde stolen var midtpunktet. En røksky måtte skjule nådestolen, så ypperstepresten ikke skulle dø.

2 Mosebok sier:" Og Gud sa: Du kan ikke se mitt åsyn, for ikke et menneske kan se og leve." (2 Mosebok 33,20)

Blod av syndofferoksen og syndofferbukken sprenges på nådestolen og foran nådestolen. Således ble det gjort soning for helligdommen, og den ble renset for Israels barns urenhet og for alle deres overtredelser.

3 Mosebok sier videre:" Deretter skal han slakte den bukk som skal være syndoffer for folket, og bære dens blod innenfor forhenget, han skal gjøre med dens blod liksom han gjorde med oksens blod, og sprenge det på nådestolen og foran nådestolen." (3 Mosebok 16,15)

Nådestolens ekko fra det gamle testamentet klinger igjen i verden.

Rom sier:" Der det heter at" Gud stilte til skue i hans blod, som en nådestol ved troen, for å vise sin rettferdighet, fordi han i sin langmodighet hadde båret over med de synder som før var gjort. " (Rom 3, 25)

Jeg tar og med Heb.9,12 som sier" Og ikke med blod av bukker og kalver, men med sitt eget blod, en gang inn i helligdommen og fant en evig forløsning." (Heb. 9, 12)

Tenk hvilken seier. Gud Fader i himmelen var villig til gi sin sønn som sonoffer for verdens synd. Jesus Kristus var villig til komme ned til jorden, og bli sonoffer for verdens synd.

Jesus Guds levende sønn kom til jorden, med Guds eget Hellige blod i sine årer. Han brakte det tilbake til Gud Jehova sin far, like ubesmittet av synden som det var da han kom med det. Det var blodet som var det eneste som ville kunne gjøre soning for verdens synd.

Jesus Kristus brakte det tilbake til Guds helligdom i det himmelske, og sprinklet det over nådestolen i himmelen. Nå var menneskene forløst i hans blod, det eneste de nå trenger å gjøre er å ta det imot.

Jesu Kristi forsoningsverk på Golgata

1

Mannen på korset

Barrabas ble frikjent mens Jesus ble pisket med en nihalet pisk kalt" katten" (Matt.27, 26)

Matt sier:" Da ga han dem Barabbas fri, men Jesus lot han piske og overga ham til å bli korsfeste." (Matt. 27,26)

Da de slo han med denne pisken var det som en katt grep han bakfra med sine klør, den virkelige torturen var når de dro pisken tilbake. Da ble han bokstavelig talt revet opp i ryggen av den ni-halete pisken. På de ni halene var det festet små ben biter, jern biter og glass. For en vanlig dødelig menneskekropp, ville behandlingen av dette fryktelig tortur redskap alene kunne forårsaket døden.

Bibelen sier i Romerbrevet:" Syndens lønn er døden, men Guds nådegave er evig liv i Kristus Jesus, vår Herre." (Rom.6.23)

Jesus var uten synd, Han var guds hellige. Han var Guds egen sønn med sin fars blod i sine vener og arterier.

2 Han kunne ikke dø.

De slo han 39 ganger med dette grusomme torturredskapet. De slet han i biter. Hvilken tragedie.

Jes. 52.14 sier:" Slik mange ble forferdet over deg så ødelagt var han, han lignet ikke en mann, han så ikke ut som et menneske." (Jes 52, 14)

Og mens han var i denne tilstanden, tok de av han klærne og gav han en purpurfarget kappe. Satte en tornekrone på hans hode og en rørstav i hans hånd. De knelte ned foran ham, spottet han og sa:" Hyll Jødenes konge"

De spyttet på han tok staven ifra han og slo han i hodet med den. Etter at de hadde spottet ham slik, tok de på han klærne igjen og ledet han bort for å bli korsfestet. De la korset på hans skuldre for ah han skulle bære det.

Matt. 2, 27-32: **Soldatene spotter Jesus**
"Landshøvdingens soldater tok da Jesus med seg inn i borgen og samlet hele vaktstyrken omkring ham.

De kledde av ham og hengte en skarlagenrød soldatkappe på ham, flettet en krone av torner og satte den på hodet hans og ga ham en stokk i høyre hånd. De falt på kne foran ham, hånte ham og sa: «Vær hilset, du jødenes konge!

Og de spyttet på ham, tok stokken og slo ham i hodet.

Da de hadde hånt ham, tok de av ham kappen og kledde ham i hans egne klær. (matt 27, 27 – 32)

3 Jesus blir korsfestet

Så førte de Jesus bort for å korsfeste ham. På veien ut møtte de en mann fra Kyréne ved navn Simon; ham tvang de til å bære korset hans. Så kom de til det stedet som kalles Golgata, som betyr hodeskallestedet. Der naglet de han til korset. Der hang den levde Guds sønn opphengt på et kors mellom himmel og jord. han hadde blitt torturert på den mest ondskapsfulle måten med pisken, og nå etter det hengte de han opp på korset. Der hang han og kunne ikke dø, for døden var syndens lønn, og han hadde ikke synd.

Romerbrevet sier:" Syndens lønn er døden, men Guds nådegave er evig liv i Kristus Jesus, vår Herre." (Rom 6, 23)

Der hang han i den forferdelige situasjon. Over hodet hans hang det et skilt med tiltalen mot ham: dette er Jesus jødenes konge. To røvere ble også korsfestet sammen med ham, en på hver side.

Matt sier videre:" Over hodet hans hadde de satt opp en innskrift med anklagen mot ham: «Dette er Jesus, jødenes konge." (Matt 27, 37 – 38)

Sammen med ham ble også to røvere korsfestet, en på høyre og en på venstre side.

De som gikk forbi, spotte han og sa" Du som river ned tempelet og bygger det opp igjen på tre dager, frels deg selv. På samme måte stoppet også yppersteprestene og de skriftlærde og de sa: andre har han frelst, men seg selv kan han ikke frelse. Han sier han er Israels konge, Jehova, la han stige ned fra korset så skal vi tro på han.

Matteus sier videre:" De som gikk forbi, ristet på hodet og spottet ham:

Du som river ned tempelet og bygger det opp igjen på tre dager! Hvis du er Guds Sønn, så frels deg selv og stig ned av korset!

På samme måte hånte også overprestene ham sammen med de skriftlærde og de eldste. De sa:

Andre har han frelst, men seg selv kan han ikke frelse. Han er jo Israels konge; nå kan han stige ned av korset, så skal vi tro på ham!

 Han har satt sin lit til Gud." (Matt 27, 39 – 42)

Det som folket rundt korset ikke forstod, var at Jesus kunne ha steget ned fra korset, og i det samme fått sin fysiske kropp gjenopprettet. Deretter kunne han straffet dem. Men han gjorde ikke det. Det var ikke naglene som holdt ham til korset, med kjærligheten til menneskeheten dvs. Deg og meg!

Det var du og jeg som skulle hengt der. Jesus var uten synd: han var guds hellige. Han tok din og min synd på seg slik at vi skulle gå fri. I samme stund som naglene ble drevet gjennom ham så begynte hans blod å flyte.

(Den gamle pakts offertid opphørte her på Golgata og en ny tidsalder startet, nådens og åpenbaringens tidsalder.)

Gjeldsbrevet mot oss ble slettet

" Gjeldsbrevet mot oss slettet han, det som var skrevet med lovbud; han tok det bort fra oss da han naglet det til korset." (Kol 2, 14)

Det var den hellige Guds blod som fløt for dine og mine synder. det aller siste offer mellom Gud og menneske

4 På helvetes dørtreskel

En av røverne som hang ved Jesu side, ropte til han og sa: Jesus, husk på meg når du kommer i ditt rike" Jesus sa til han:" sannelig sier jeg deg i dag skal du være med meg i paradis"

Lukas sier: " En av forbryterne som hang der, spottet ham også og sa: Er ikke du Messias? Frels da deg selv og oss! Men den andre irettesatte ham og sa: Frykter du ikke Gud, enda du har samme dom over deg?

For oss er dommen rettferdig, vi får bare igjen for det vi har gjort. Men han har ikke gjort noe galt,

Så sa han: Jesus, husk på meg når du kommer i ditt rike! Jesus svarte: «Sannelig, jeg sier deg: I dag skal du være med meg i paradis." (Luk 23, 39 – 43)

Hvilken demonstrasjon, hvilken proklamasjon, hvilken kjærlighet midt i smertene! Djevelen var forvirret. PÅ den ene siden ville han se Jesus død og på den andre siden prøvde han å friste han til å komme ned fra korset. Og midt i all denne tragedien viste Jesus hvorfor han kom inn i denne verden. Han rev bokstavelig talt denne røveren ut av satans grep på helvetets dørterskel. Han sa: I dag skal du være med meg til paradiset. Hvilken mann, hvilken Jesus.

5 Han gav sitt liv – ingen kunne ta det

Hør va Matteus evangeliet sier:" Fra den sjette time falt det et mørke over hele landet helt til den niende time. Og ved den niende time ropte Jesus med høy røst: **Elí, Elí, lemá sabaktáni?»** **Det betyr: «Min Gud, min Gud, hvorfor har du forlatt meg?**

Noen av dem som sto der, hørte det og sa: Han roper på Elia.

Og en av dem løp straks fram, tok en svamp og fylte den med vineddik, satte den på en stang og ville gi ham å drikke. Men de andre sa: «Vent, la oss se om Elia kommer for å redde ham.» Men Jesus ropte igjen med høy røst og oppga ånden. Da revnet forhenget i tempelet i to, fra øverst til nederst. Jorden skalv, og klippene slo sprekker. Gravene åpnet seg, og kroppene til mange hellige som var sovnet inn, ble reist opp. Etter Jesu oppstandelse gikk de ut av gravene og kom inn i den hellige byen, hvor de viste seg for mange." (Matt 27, 145-53)

Bibelen sier at Gud ved **dette avvæpnet maktene og myndighetene (djevelens hærskarer) og stilte dem åpenlyst til skue, da han viste seg som seiersherre over dem på korset**

Koll sier: *" Han* kledde maktene og ånds kreftene nakne og stilte dem fram til spott og spe da han viste seg som seierherre over dem på korset". (Koll 2, 15)

Jesus kunne ikke dø, for døden er syndens lønn. Men der på korset lot Jesus hele verdens synd og resultatet av den ramme seg selv. På grunn av sin evige kjærlighet til deg og meg. Tok han som var uten synd, din og min synd på seg. Det var du og meg som skulle dødd i syndens grep. Jesus Kristus Guds levende sønn gav sitt liv der på korset som den store triumfator for oss. Ingen kunne ta hans liv – han gav det som et evig offer for oss.

Jes sier:" Sannelig, våre sykdommer tok han, våre smerter bar han. Vi tenkte: Han er rammet, slått av Gud og plaget. Men han ble såret for våre lovbrudd, knust for våre synder. Straffen lå på ham, vi fikk fred, ved hans sår ble vi helbredet". (Jes 53, 4 – 5)

6 Hva folket ikke så

Etter at Jesus hadde gitt sitt liv på korset, begravde de ham.

" Da det ble kveld, kom en rik mann som het Josef. Han var fra Arimatea og var også blitt en disippel av Jesus. Han gikk til Pilatus og ba om å få Jesu kropp. Pilatus ga da ordre om at den skulle bli utlevert. Josef tok Jesu kropp, svøpte den i et rent linklede og la den i en ny grav, som var hugget ut til ham selv i bergveggen. Så rullet han en stor stein foran inngangen og gikk." (Matt 27, 57-60)

Men i ånden gikk Jesus inn i dødsriket som den store triumfator. Han gikk inn i djevelens tronesal. Djevelen hadde en fest gående, for han trodde han hadde drept Jesus. Men der kom Jesus inn til han, i majestet og sa med autoritet: gi meg nøklene til døden og dødsriket

" og den levende. Jeg var død, men se, jeg lever i all evighet, og jeg har nøklene til døden og dødsriket". (Åp. 1, 18)

Djevelen falt ned skjelvende og gav Jesus nøk-
lene. Og Jesus forlot den evig beseirede satan og
låste opp dørene for de gamle hellige som hadde
ventet på denne dagen

Den fullkomne evige seier var vunnet: og Je-
sus fortsatte sitt seiers marsj.

7 Den nye pakts begynnelse var kommet

Den gamle pakten var slutt, den nye pakt var nå
født der Jesus med sitt blod hadde forløst sitt
eget blod som et segl over dokumentene som
innstiftet den nye pakt innfor gud. Nå har vi et
segl for den nye pakten, ikke med blod av okser
og geiter, men det forente guddommelige og
menneskelige blod.

Heb. sier: Men Kristus er kommet som øver-
steprest for alt det gode vi nå har. Han har gått
igjennom det teltet som er større og mer ful-
lkomment, og som ikke er laget av menneske-
hånd, det vil si: som ikke tilhører denne skapte
verden. ikke med blod av bukker og kalver, men
med sitt eget blod gikk han inn i helligdommen
én gang for alle og kjøpte oss fri for evig". (Heb
9, 11)

I Israel gikk ypperstepresten inn i det aller helligste rommet i tempelet en gang i året med blod, for å dekke over syndene til det åndelig døde Israel. Men Kristus går en gang for alle inn i helligdommen i himmelen med sitt eget blod, og oppnår en evig forløsning for oss, Jesus Kristus Guds levende sønn, kom inn i verden i ydmykhet og med guddommelig autoritet. Han forlot verden i ydmykhet og guddommelig autoritet. Med sitt blod åpnet han en ny og levende vei for oss all til å ha fellesskap med Gud. Han forlot oss levende i ham, med hans guddommelige autoritet.

Jesus sa det slik:" Jeg er veien, sannheten og livet. Ingen kommer til Far uten ved meg. Har dere kjent meg, skal dere også kjenne min Far. Fra nå av kjenner dere ham og har sett ham." (John 14, 6)

8 Jesus den uslåelige

Jesus Kristus, selveste Jehova i menneskelig skikkelse. Ingen gjenkjente ham, men Gud Jehova som betyr den selveksisterende som åpenbarer seg var blant vanlige mennesker i

33 og et halvt år med en Guddommelig hensikt

1.Joh sier:" Den som gjør synd, er av djevelen, for djevelen har syndet fra begynnelsen av. Og det var for å gjøre ende på djevelens gjerninger at Guds Sønn åpenbarte seg" (1Joh 3, 8)

Hans blod var guddommelig i seier og ydmykhet. Han gav sitt liv for deg og meg, som den seirende Jesus Kristus, den selveksisterende som åpenbarer seg. Han var i dødsriket med all seier (Åp. 1.18)

9 Han stod opp fra graven den tredje dag – seieren var vunnet – for evig

Vi leser i Lukas:" Ved daggry den første dagen i uken kom kvinnene til graven og hadde med seg de velluktende oljene som de hadde laget i stand.

Da så de at steinen var rullet fra graven. Og de gikk inn, men fant ikke Herren Jesu kropp. De visste ikke hva de skulle tro, men med ett sto det to menn hos dem i skinnende klær. Kvinnene ble forferdet og bøyde seg med ansiktet mot jorden. Men de to sa til dem: «Hvorfor leter dere etter den levende blant de døde? Han er ikke her, han er stått opp. Husk hva han sa til dere mens han ennå var i Galilea, Menneskesønnen skal overgis i syndige menneskers hender og korsfestes, og den tredje dagen skal han stå opp. Da husket de hans ord. Og de vendte tilbake fra graven og fortalte alt dette til de elleve og til alle de andre. Det var Maria Magdalena, Johanna og Maria, Jakobs mor, som sammen med de andre kvinnene fortalte dette til apostlene. De mente det hele var løst snakk, og trodde dem ikke. Peter sto likevel opp og løp til graven, og da han bøyde seg inn i den, så han ikke annet enn likklærne. Så gikk han hjem, fylt av undring over det som hadde hendt." (Luk 24, 1-12)

Han gav sitt blod, kjøpte en evig seier til deg og meg i sitt navn, det navn som er over alle andre navn; det vidunderlige og seirende navnet Jesus.

Hele hans eksistens, hans vesen og hans personlighet, ja – hele hans liv er seirende, og det er for deg, alt sammen. Hele hans liv, fra han kom inn i jomfru Marias og til han gikk tilbake til faderen igjen, var en demonstrasjon på den alt overvinnende seier som er i Guds kjærlighet.

10 Den Hellige Ånds ild og kraft er her for oss.

Han gjør sine tjenere til flammende ild, sier Hebreerne i kap.12 i tilknytting til Salme 104,4 der det heter: "Vindene gjør du til sendebud ild og luer til dine tjenere", Ordet fra Klagesangen 1,13 gikk bokstavelig talt i oppfyllelse: "Herren sendte ild fra det høye, den gikk meg gjennom marg og bein."

Fredrik Wisløff har noen visdomsord

Han sier i denne sammenheng i sin bok om Den Hellige Ånd." Så mang en Herrens tjener hemmes i åndelig kraft av en mangelfull overgivelse til Gud. Deres alt er ikke stilt til Guds disposisjon. Og før alt er lagt Herrens alter, faller ikke Herrens ild". Legges alt på alteret, vil man oppleve Åndens gaver vil komme og tilkjenne gi seg.

Døren vil være åpen for gavenes virke i ens liv. Når alt er på alteret, er det ikke" bare" en dåp i den Hellige Ånd. Det er Gud som fyller deg fra håret helt ned i fotsålene.

Du blir et Guds tilholdssted, du blir Guds hus, huset for den allmektige Gud. Gud kommer og presenterer seg selv for deg. La oss aldri bli opptatt av" fenomenene" eller gavene. La oss ikke gjøre de til merke for vær virksomhet. La oss alltid la Herren få ære og være vårt sentrum. **Alt er lagt til rette for oss – Å vandre i Den Hellige Ånds ild og kraft.**

KAPITTEL 2

1 Autoriteten i Jesu blod

Jesu blod er helt ubeslektet med Adams blod. Jesus ble ikke unnfanget ved en eggcelle fra Maria, det lå på et guddommelig, mye høyere plan. Jesus er skapt av Gud Jehova, fikk dannet et legeme og innblåst livets ånde. Også vi er åndelige skapninger. Vi er på et høyt nivå, selv om vi ikke alltid føler det i hverdagen. Men Herren vil at det skal bli et fundament inn i oss.

Så midt i problemene så er det seier.
Det er et grunnfeste i oss som gjør at vi er bevisst vår seiersposisjon. Selv om vi står midt i et problem så er vi over det. Gud dannet et legeme for Kristus og la det i Marias liv (Heb.10,5). Jesus Kristus personen kom ned fra himmelen og inn i Marias liv (Salme 107.20). Og denne personen som ble lagt inn i Marias liv hadde Guds eget blod i sine årer. Jesus Kristus kom ned fra

himmelen og ble født her på jorda. Fullt menneske og fullt gud.

Bibelen sier:" Og ordet ble kjød og tok bolig iblant oss. Og vi så hans herlighet, en herlighet som den enbårne Sønn har fra sin Far, full av nåde og sannhet." (John 1, 14)

Her kom det til jorden en helt spesiell person, Guds egen sønn – Gud selv. Han vandret på jorden i 33 år, men mennesker forstod det ikke, for de hadde ikke noen åpenbaring. Men Kristus vandret på jorden med Guds hellige blod i sine årer. Og blodet ble bevart like hellig og rent for all evighet. Det ble aldri tilsmusset.

Derfor kunne Jesus si det ha den i Johannes evangeliet:" Jeg er veien, sannheten og livet." (John 14, 6)
Hva slags type liv var det Jesus hadde. Han hadde Guds type liv, Guds natur. Alfa og Omega livet, han hadde det evige livets natur. Dette kunne han si fordi han var uten synd. Hadde disiplene hatt en smule av åpenbaring ville de forstått at han var livet. Og han er ikke bare livet, han er livets opphav.

2 Han er livet

Han er livet på det hellige og rene blodets grunnlag. Slik var Jesus når han kom hit ned. Lukas sier:" Da sa Maria: Se jeg er en Herrens tjenerinne. Meg skje etter ditt ord". Og engelen skiltes fra henne." (Luk 1, 38)

Allerede her var Maria villig. Hun behøvde ikke ha gjort det, hun kunne ha sagt nei og gått imot Herrens ord. Men hun sa ja – og hun ble redskapet.

Vers 39-46:" Men Maria stod opp i de dager og skyndet seg til fjellbygdene, til en by i Judea. Og hun kom inn i Sakarias hus og hilste på Elisabet. Og det skjedde da Elisabet hørte Marias hilsen så sprang fosteret i hennes liv. Og Elisabet ble fylt med den Hellige ånd og ropte med høy røst og sa: Velsignet er du blant kvinner, og velsignet er ditt livs frukt. Hvorledes times meg dette at min Herres mor kommer til meg? For se da lyden av din hilsen nådde mitt øre, sprang fosteret i mitt liv av fryd. Og salig er hun som trodde for fullbyrdes skal det som er sagt henne av Herren. Da sa Maria: Min sjel opphøyer Herren min Ånd fryder seg i min frelser."

Maria forstod at det var noe viktig på gang, så det gjaldt å være lydig mot det himmelske som hadde kommet over henne. Hun forstod det. Jeg er livet sa Jesus i Joh. 14.6, og det var det som ble lagt ned i Maria.

3 Jesus Kristus kom til jorden med Guds eget blod i sine årer.

I Kor sier:" Det første menneske, Adam, ble til en levende sjel. Den siste Adam er blitt til en levende gjørende Ånd." (1 Kor 15, 45)

Kristus kom som den levende gjørende ånden. Den ånden som gir liv og utfrielse. Menneskets ånd var gjort urene for Gud på grunn av syndefallet, men Jesus kom som den første levende gjørende Ånden.

Han måtte bære denne Ånden i seg, i sin ånd, og det hellige, ulastelige, ubesmittede Guds blod i sine årer, når han vandret på jorden. For at blodet kunne utgytes for menneskeheten. Hele Jesu skikkelse skulle skjenkes og legges ned slik at disse livgivende evige sannhetene kunne bli oss til del.

Dersom dette går opp for deg, da har alt gått opp for deg. Da har du det, og da gjør du det. Da løper du ut på det. Gud er i vår midte, han er i oss.

Han ønsker bare å få uttrykt seg gjennom oss. **Kristus hadde en blodtype ulik alle andre blodtyper. Alle menneskelige blodtyper er urene på grunn av syndefallet.** Det finnes kun en blodtype som er ren, og den finnes kun i den himmelske blodbanken. For det er dit den ble brakt, tilbake til Gud, fordi det var Guds eget blod. Jesu blod er fullkomment. Uten skrøpeligheter, ikke influert overhode av fallet i Edens hage, ikke berørt av det Adam og Eva gjorde. Det har aldri vært i nærheten av noe urent.

I Peter sier:" beskriver den eneste rene blodtypen; Kristi dyre blod." (1 Peter 1, 19)

Det er blodtypen som har renset oss. Det evige, ubesmittet blodet, som var i Jesu årer i 33 år. Han levde med det midt oppi denne urene verden. I skjøgers hus, i drikkelag, overalt var Kristus personen med dette hellige, rene blodet. Han var iblant oss i 33 år, og det ble aldri besmittet av synd. Her er det snakk om kvalitet og autoritet, i Jesu Kristi dyre blod. Det er helt umulig å verdsette Kristi blod, livets blod.

78

Dødt blod trekker til seg fluer. I det gamle testamentet står det om Beelsebul, fluenes herre eller de fordervede fluers fyrste (djevelens sendebud). Jesu blod har akkurat den motsatte virkningen på fluer. Akkurat den motsatte virkningen av Beelsebul.
Fluene, demonene, djevelen flykter når Jesu blod nevnes. Derfor har vi en evig seier på grunn av Jesu blod. Det er autoritet som er høyere enn noen menneskelig autoritet, og den er basert på Jesu dyre blod.

4 Alle ondskapens åndehærer flykter like hurtig fra Jesu dyre blod, som fluer trekkes til dødt blod. Derfor er det viktigere enn noensinne at vi blir grunnfestet i disse enkle sannhetene. Tenk deg noe så fantastisk som det som er skrevet i John:" Jesus, hans sønns blod, renser oss fra all synd". (John 1, 7)
Vi er frie. Vi er ikke syndere hvis vi har tatt i mot Jesus. Vi er renset i hans dyre blod. Satan har ikke noe med oss å gjøre i det hele tatt, for vi er beskyttet i Jesu Kristi dyrebare blod. Alle Satans angrep på oss er løgn, fra begynnelsen til slutt. For **Jesus blod er vår beskyttelse fordi vi er i pakten.**

Jesus har vunnet en evig seier for oss. Blodet er vår arvedel. Vi er i Jesus, Gud ser på oss gjennom ham, igjennom blodet. Vi er frie. Heb sier:" Uten at blod blir utgytt skjer ingen forlatelse." (Heb 9, 22)

Jesus han gav sitt eget dyre blod, en gang for alle, for hele menneskeheten. Det var nok. Pakten inngitt Kristus med Gud, en gang for alle. Da ble det evig beseglet, da var seieren der.

Vi får beseglingen i den nye fødsel, og da er pakten vår en gang for alle når vi forblir i Kristi nåde med livene våre.

 Seieren er vår, og den har vært det i 2000 år.

Om vi bare kunne gripe dette mer og mer, hva Kristus har gjort for oss.

Åp sier:" Han er kledd i et kledebånd som er dyppet i blod. Og han er kalt Guds ord." (Åp 19, 13)

1Joh sier: " Det er tre vitner, Ånden og vannet og blodet". (1 Joh 5, 8)

5 Disse tre flyter sammen. Det skrevne Guds Ord har ingen autoritet uten Kristi dyre blod. For Guds Ords liv er i blodet.

Når vi griper disse enkle sannhetene, vil alt bli annerledes for oss.

1 Hvorfor har vi autoritet og liv? **Jo, fordi det ligger i blodet.**

2 Derfor sanksjonerer Gud i Ordet, **når vi er i blodet, i nåden.**

3 Det har blitt vår pakt, **blodspakten.** Det er det som gir oss autoriteten.
Ikke egne prestasjoner.
Den Hellige Ånd er i fullkommen overensstemmelse med blodet og vannet, altså Ordet, som igjen er Kristus. Disse tre er uadskillelige. De er ment, og skapt, for å kunne fungere sammen, for å kunne bli en ytring av Guds overnaturlige energi på jorden, igjennom de som har gitt sine liv til Kristus og blitt født på ny, renset i blodet og som er i pakten. Disse vet at de er i pakten.

Ved det gammel testamentets ofringer kan vi se at blodet av lyteløse, feilfrie dyr ble stenket på bokrullen. Hvorfor? Fordi boken er livløs for den som leser den om ikke blodet har vært der på forhånd.

På samme måte er det i dag. Bibelen er livløs for oss om ikke blodet har vært hos oss på forhånd. Kun en type mennesker har mulighet til å få innsikt i Ordet, det er de som er født på ny, renset i blodet, og som lever i pakten.

6 Dette er vår del i Kristus.

Vi kan hvile i pakten, hvile i blodet. Vi behøver ikke å prestere noe selv. Gud sendte sin egen sønn, sitt eget blod. Jesus gav seg selv, sitt blod for menneskeheten. Han brøt Satans makt – en gang for alle. Han var i dødsriket, triumferende, og hentet nøklene. Så stod han opp igjen fra de døde. Denne seieren er vår – uavhengig av alle omstendigheter. Det er det her som gjør deg frimodig – Jesus er fantastisk, og du vet det. Da kan du komme inn i hvilen i pakten. Det er han som har gjort det.

7 Livet er i blodet - Autoriteten er i blodet.

Guds Ord har ingen autoritet i våre liv uten at vi er i blodet, at vi er født på ny og renset. Da vil Ordet automatisk få autoritet gjennom våre liv, da vi gjør som Ordet sier. Og Gud er ordet – og Faderen, Sønnen og den Hellige ånd er ett.

Hva var det som gjorde at Ordet fikk autoriteten? Det skjedde fordi Jesus frembar sitt eget guddommelige blod uten synd til sin Far. Da fikk navnet Jesus Guds kraft og autoritet. Jesus reiste tilbake til sin Far i himmelen. Far, sa han, er har du tilbake pundet som du gav meg. Han hadde fått blodspundet av sin Far, og han kom ikke tilbake tomhendt.

 Han hadde frikjøpt hele menneskeheten, milliarder på milliarder blodpund tilbake. På det grunnlaget overga Gud all sin kraft og autoritet til sin sønn.

Matteus sier:" Jesus sa: Meg er gitt all makt i himmel og på jord." (Matt 28, 18)

På soningsdagen i det gamle testamentet ofret de ikke bare 10 og 20 lyteløse dyr. De ofret opp til hundretusen, og det står skrevet at Kedron bekken fløt over sine bredder i flere dager, av dyreblod. **Når Gud lot sin sønn gi sitt liv, åpnet han en kilde som skulle strømme i all evighet.**

Sakarias sier:" På den dag skal det være en åpnet kilde for Davids hus og for Jerusalems innbyggere mot synd og urenhet."

8 Jesu dyre blod, utgytt en gang for alle. Verket er fullbrakt, seieren er vunnet.

Gud har talt, dommen er satt. Denne blodskilden fra himmelens trone flyter alltid foran Satans hær. Når vi synger og snakker om blodet flyter det.

Når dette blir grunnfestet i ditt indre, vil alltid Satan ha stor respekt for det livet som er i deg.

9 Djevelen får panikk når han kommer i kontakt med blodets autoritet. Han vet at han er evig beseiret.

Hvis du ser dette, så har du det. Og det du har kan du gi, og det kan tas imot av alle som vil ha det.

Åp. sier:" Og de har seiret over ham i kraft av lammets blod og de ord de vitnet." (Åp. 12, 11) Vitnesbyrdet, proklamasjonen av Guds Ord på Ordets grunn. Med full viten og overbevisning om at det her holder i all evighet. Blodsofringene i det gamle testamentet var bare med og viste oss svakt betydningen av Jesu blod, og hvilken autoritet det er i navnet Jesus. Blodet er utgytt en gang for alle. Så vi kan gå like inn i helligdommen – på blodets grunn.

Heb sier:" Da vi altså brødre i Jesu blod har frimodighet til å gå inn i helligdommen, så la oss

trede frem med sanndru hjerter i troens fulle vis-
shet, renset på hjertene." (Heb 10, 22)

Det er ikke nok å tro på en historisk Jesus og et historisk blod. Blodet er levende og virkekraftig og synd tilgivende, ja satan og demon beseirende og er hos Far i himmelen. Vi må tro at det fungerer nå. At vi kan gå like innenfor Gud nå, og bruke det i vår hverdag.

Avsluttende ord etter bok nr.1
Jeg tror, etter du har lest denne boken en gang, vil du se på den som en veiledningsbok i din videre vandring i bønnens verden.. La hele denne boken budskap få bringe deg inn i dypet i ånden. Slik at åndens verden og fellesskapet med Herren der, kan være et nært og kjært sted for deg. Dette vil påvirke hele ditt fysiske/materielle liv i hverdagen.
Du vil bli sensitiv til den åndelige verden, som alltid er rundt deg. Livet blir mer spennende enn du noen gang, kunne tenke deg. Det er fantastisk vi kan ha det usynlige for øyet, ikke det synlige. Vi lever bevisst i 2 verdener samtidig, akkurat som Jesus beskrev det, da han sa: Er det ved

Guds ånd jeg driver ut de onde ånder, da har himmelens rike kommet til dere.

Forsoningen og blodet betydning, som jeg også har tatt med, er viktig for deg å ha som det bærende seiers fundament. Det er dette fundamentet, som gjør deg til den legale giganten i åndens verden.

Før hver en kampanje jeg har hatt siden den første, sørger jeg alltid for å ta en sjekk på mitt eget liv. Ser etter at alt er i orden, takker Jesus for at hans blod er min beskyttelse. Når det er gjort, kan jeg med stor frimodighet gå ut på plattformen som giganten.

Jeg vet at i meg selv er jeg ingenting, men den sanne giganten, Jesu Kristus er i meg og igjennom meg, som han også er i deg.

Lykke til når du nå går over i studiet av bok nr.2 **Seirende tros bønner.**

Tom Arild Fjeld

SEIRENDE TRO'S BØNNER

Tom Arild Fjeld

Forord

Hvordan gjøre det

Denne boken skrev jeg for mer enn 30 år siden, jeg var 28 år. For meg så der denne boken noe jeg vil kalle" himmelsk matematikk".

Etter jeg ble født på ny, fant jeg raskt ut i Bibelen at det var forskjellige viktige ting å være nøye med. Gjenfødelsen var bare startskuddet, for å leve et liv i seier, må man forstå igjennom åpenbaring av skriftene dets virkelighet. Dette oppnår man ikke uten å være villig til å legge ned sine egne ønsker og lyster. En må sette Bibelens ord først i alle ting. Det er kun gjennom å gjøre det, at man kommer inn i et liv i seier og man kan be seirende troes bønner.

Jeg har redigert den og lagt litt nytt inn i den.

Denne boken inneholder veiledning til deg fra Bibelen, hvordan rent praktisk du vil få den Hellige Ånd til virke med Guds kraft igjennom ditt liv.

Hva som er viktig for deg, er å ha et nært kjennskap til og personlig forhold til Kristus.

1 Gjenfødelsen

2 Overgivelsen til Kristus med sitt eget liv

3 Kunnskap og kjennskap i Bibelen

4 Kjennskap til forsoningens virkelighet

5 Kjennskap til Jesu blods fullkomne seier

6 Vite hva vi er gitt i Kristus

7 Bygge troens styrke

8 Lære å følge Ordets nøye tilrettelagt vei å be på.

Det er punkt nr, 8 denne boken dreier seg om. Det å følge Bibelens klare retningslinjer til punkt å prikke, vil gi deg den trygghet du trenger for å leve et seirende kristenliv. Mine andre bøker vil lære deg alt om de andre 7 punktene.
Lykke til i studiet av denne boken.

Forfatteren
Tom Arild Fjeld

Innhold

1 Strid troens gode strid

2 Du kan be og motta

3 Tro er nøkkelen til alt

f) Våre stridsvåpen

g) Forstår du dette, tror du dette?

4 Dyp kaller på dyp

a) Skarpere enn noe tveegget sverd

b) Tro kaller på tro

c) Evigheten – Kosmos

d) Et liv" over" tiden

Hvorfor Jesus kom?
Jesus kom for en hensikt

Jesus Kristus kom bare for en hensikt. Han kom
for å gjenopprette den brutte relasjon mellom
Gud og mennesket, det som var blitt brutt i
Edens hage.
Alt på grunn av Adam og Evas ulydighet.
Dette brakte negative frukter til hele menneske-
heten fra den dagen.
Jesus kom for å føre mennesket tilbake til den
posisjon de en gang hadde.
Han kom med en total frihet fra alt Satans
slaveri.

Bibelen sier:
" Til dette ble Guds sønn åpenbart, for at han

skulle gjøre ende på djevelens gjerninger.”
(1 John 3, 8)

Bibelen sier videre:

” Han (Jesus) avvæpnet maktene og myn-
dighetene og stilte dem åpenlyst til skue, idet
han viste seg som seierherre over dem, Satan og
demonene på korset.” (Koll 2, 15)

Jesus Kristus, den levende Guds sønn, kom til
verden, i et menneskes liknelse.
Og han var villig til å betale prisen, for verdens
synder og mennesket frihet. Med sitt eget liv.
Bibelen sier videre:

” Likesom mange ble forferdet over ham – så ille
tilredt var han at han ikke så ut som et men-
neske, og hans skikkelse ikke var som andre
menneskebarns.” (Jes 52, 14)

KAPITTEL 1

Strid troens gode strid

" Strid troens gode strid! Grip det evige liv som du ble kalt til." (1 Tim 6, 12)

A

Grunnlaget for vår eneste kamp
" Djevelen trodde han hadde vunnet en evig
seier, når Adam og Eva adlød ham,
og syndet i Edens hage" (1 Mos. 12:13)

Gud er den evig seirende - Han kan ikke bli overvunnet

Akkurat den samme dagen som djevelen overtok
autoriteten på jorden,
kom Gud med den evige seierserklæring. Gud
godtok ikke djevelens overtakelse –
Gud kom med sitt mottrekk umiddelbart.

Gud sa i 1 Mos:
" Og jeg vil sette fiendskap mellom deg og kvin-
nen og mellom din ætt og hennes ætt;
den skal knuse ditt hode, men du skal knuse dens
hæl." (1 Mos 3, 15)

Gud hadde allerede planen klar. Han så frem
imot sin sønn Jesus Kristi komme,
han som skulle bli født av jomfru Maria, og
skape fiendskap mellom djevelen og kvinnens
ætt.

" Se, en jomfru skal bli fruktsommelig og føde
en sønn, og han skal kalles Immanuel." (Matt 1,
23)

De neste vers forteller om Jesus Kristus, når han
henger på korset og ga sitt liv for menneske-
hetens synder. Folket sto rundt, og så ham henge
der på korset, i en tilstand, som beskrevet i føl-
gende vers.

" De korsfestet ham …
Men fra den sjette time ble det mørke over hele
landet, like til den niende time. Og ved den
niende time ropte Jesus med høi røst og sa: Eli,

Eli! Lama sabaktami? Min Gud! Min Gud!
Hvorfor har du forlatt meg?
Men Jesus ropte atter med høi røst og oppgav
ånden, han ga sitt liv. Og se forhenget i tempelet
revnet i to stykker, fra øverst til nederst, og jor-
den skalv, klippene revnet.

De hadde ingen anelse i det hele tatt, om hva
som virkelig skjedde der.
De kunne bare oppleve det som sansene til et
menneske kunne observere.

Og gravene åpnedes, og mange av den
hensovende helliges legemer stod opp,
Og de gikk ut av gravene etter hans opp-
standelse, og kom inn i den hellige stad og viste
seg for mange.

Sannelig, denne var Guds sønn"
(Matt 27, 35, 45 – 46, 50 – 54)

De som stor rundt og så på det som skjedde,
forsto ikke hva dette var. Det var en evig åndelig
seier som ble vunnet, på den eneste måten det
var mulig å vinne seieren.

Det er umulig å for det menneskelige intellekt å fullt ut forstå hva som skjedde der.

Det var en kamp og en seier i den åndelige verden.

Dette var en begivenhet som skapte et nytt fundament for hele menneskerasen.

Jeg tar med et vers til som beskriver det som skjedde. Bibelen sier:

" Liksom mange ble forferdet over ham – så ille tilredt var han at han ikke så ut som et menneske, og hans skikkelse ikke var som andre menneskebarn.

Sannelig, våre sykdommer har han tatt på seg, og våre piner har han båret; men vi aktet ham plaget, slått av Gud og gjort elendig.

Men han er såret for våre overtredelser, Synder, knust for våre misgjerninger, feil; straffen lå på ham, for at vi skulle ha fred, og ved hans sår har vi fått legedom" (Jes 52, 14, Jes 53, 4 – 5)

Dette var den viktigste begivenheten som noen gang har funnet sted i universets historie.

Bibelen sier i:

" Kristus kjøpte oss fri fra lovens forbannelse, idet han ble en forbannelse for oss – for det er skrevet:
Forbannet er hver den som henger på et tre." (Gal 3, 13)

Jesus Kristus, Guds levende sønn, ble av sin egen frie vilje, en forbannelse for deg og meg. Han lot alle forbannelser som hadde kommet over menneskeheten, slå Ham.
(5. Mos. 28:15-68)

Han brøt Satans makt – Han avvæpnet maktene og myndighetene totalt – Satan har mer noen legal makt – Han er beseiret for evig.

Satan og alle demonene, stod der og så på at all deres makt ble gjort til ingenting. Bibelen sier i Matt:" Men engelen tok til orde og sa til kvinnene: Frykt ikke!
Jeg vet at dere søker etter Jesus, den korsfestede; han er ikke her; han er oppstanden." (Matt 28, 5 – 6)
Kan du se det, Jesus Kristus, Guds levende sønn, erobret all Satans makt.

Jesus Kristus oppstod fra de døde på den tredje dag.

Døden kunne ikke holde ham fast. Han var erobreren – Jesus er erobreren i all evighet.

Bibelen sier i Åp:
" Frykt ikke! Jeg er den første og den siste og den Levende; og jeg var død, og se, jeg er levende i all evighet. Og jeg har nøklene til døden og dødsriket." (Åp 1, 18)

Satan er for alltid og evig beseiret - døden er oppslukt av livet (Jes. 25:8).

Du har fått de samme rettigheter på liv i rikt mål, Fred, glede, harmoni, helse og felleskap med Gud, på samme måte som Adam og eva en gang hadde.
Hvis Jesus Kristus er Herre i ditt liv, har du det seirende livet i deg.
Du er mer enn en overvinner
Vi tilhører Ham.

Ef sier:" For vi er hans verk, skapt i Kristus Jesus." (Ef 2, 20)

Du har vunnet seieren – Seieren som er i Jesus –
Du fikk all makt – all autoritet i Ham.
Jesus gjorde ingenting for seg selv – Han gjorde
alt for oss.

Han overvant Satan for oss. Han beseiret all hans
makt for oss.
Ikke la deg bli nedtrykt av Satans løgner.
Ser du det, det er lettere for deg å tro det nå, tro
det sterkt nå.

Bekjenn og handle på Jesu seier

Heb. sier:
" La oss holde urokkelig fast ved bekjennelsen
av vårt håp – for han er trofast som gav
løftet." (Heb. 10, 23)

Tenk alltid – Satan er beseiret – Kristus Jesus har
vunnet – Og den seieren lever i oss. Satans ned-
erlag er evig – Jesu seier er evig, Hans seier- er
di seier. (Ef 2, 19 – 23)

B
Vår eneste kamp

På denne totale seier over Satan – skal vi kun gjøre en ting, vi skal utøve

" Den gode strid i tro." (1 Tim 6, 12)

Vår eneste kamp – er en bestemmelse, en valg kamp.

Enten aksepterer vi Guds Ord og adlyder det, eller vi aksepterer våre sanser styrt av omstendighetene i livet, som igjen alle er Satans tanker direkte eller indirekte.

Det er et enkelt valg, du må velge en av to muligheter.

Det vil koste deg alt, uansett hvilket valg du velger. Så gå for velsignelsen – ikke forbannelsen.

Adam og Eva hadde den samme kamp som deg og meg.

De måtte velge enten å adlyde Guds Ord, eller sine sansers tale. Hva deres øyne så, ører hørte, hva de kunne smake, hva deres nese kunne lukte, eller hva de kunne ta og føle på.

Det var et valg til en velsignelse eller en forbannelse.

De tapte sin kamp. De valgte feil, og på grunn av det, kom de under dominans av sine sanser.

De ble denne verden ofre, en verden som djevelen hadde fått en lovlig rett til å regjere.

Før Jesus kom og satte oss fri, var vi dømt til å leve under forbannelsen. Men gjennom Jesus åpnes opp en ny og levende vei for oss gjennom sitt blod.

Hebreer brevet sier:

" I Jesu blod har vi frimodighet til å gå inn i helligdommen,

Som han har innvidd oss en ny og levende vei til gjennom forhenget, det er hans kjød." (Heb. 10, 19 – 20)

C

Så igjen i dag, kan vi velge

Fordi du er født på ny, du er en kristen, du er en ny skapning i Kristus Jesus (2 Kor. 5:17) på det seiers grunnlaget kan du velge å tro forbannelsen eller velsignelsen.

1 John sier: " For alt det som er født av Gud, seirer over verden; og dette er den seier

som har seiret over verden: vår tro." (1 John 5, 4)

Du kan velge i tro – vel, du kan ikke føle det. Det er fordi det nye livet, troens liv, er født i din ånd.
Dine sanser, snakker til din sjel, hvor du har intellektet, følelsene og din frie viljer.

Troen i din ånd,
Den skal" bruker i tro, det vi si i praktisk handling" uten å la deg kontrollere av dine følelser og tanker.
Enten adlyder vi Guds Ord, med vår tro. Eller vi adlyder omstendighetenes
tale gjennom våre sanser til vår sjel, hvor vi har intellektet og følelser, dette også ved tro.

Her gjør djevelen alt han kan for å vinne. Og Gud's Ord står der, som en solid klippe for å bli valgt.

D
Troens gode strid

Bibelen sier i Efeser brevet:

" For vi har ikke kamp mot blod og kjød, men
mot makter, mot myndigheter,
mot verdens herrer i dette mørket, mot ond-
skapens åndehær i himmelrommet." (Ef 6, 12)

Der er en virkelig en verden av demoner – og de
er alle beseiret av Jesus på Golgata.
Men de hersker fortsatt i verden.

Hva kommer det av?

Det er fordi vi som kristne, ikke har tatt vår
lovlige rett til seier i Kristus.
Dette er hva hele kampen i den åndelige verden
handler om.
Hele kampen – handler om tro.

Bibelen sier i Ef:" Gi ikke djevelen rom!" (Ef 4,
27)

Det er riktig, at djevelen fortsatt er der, i den ån-
delige verden.
Med våre rettigheter i Kristus, tar vi tilbake det
som tilhører oss i Kristus Jesus.
Gi ikke djevelen rom." La oss kjempe den gode
strid i tro" og grip det evige liv."

(1. Tim. 6:12).

Hva er evig liv?
Evig liv, det er Guds natur

Grip det. Det tilhører deg, som er en på ny født kristen.
Ved å ta tilbake i Jesu navn, det som Satan ved løgn og uærlighet besitter. Ved ett overgitt liv til Kristus, hvor kjødets gjerninger er lagt ned og åndens frukter får blomstre frem. Dette er å gripe det evige liv, dette er å skritte inn i Gud's natur – overflods livet, det evige liv.

Vi får Jesu seier – tilbake i funksjon gjennom oss ved tro på Guds løfter og med det overgitte livet til Kristus.

Alt dette på grunn av Jesu vidunderlige seier-srike verk på korset.

Vi gir ikke djevelen mer rom. Steg for steg tar vi våre rettigheter – ved tro i Jesu navn.

Velkommen til troens gode strid.

KAPITTEL 2

Du kan be og motta

Mange mennesker, og jeg mener kristne, de vet ikke hvordan de skal be for å få svar. De vet ikke at det er en rett måte å be på, og en feil måte. De vet ikke at det er mange forskjellige måter å be på for å få svar.

A

Bønn er k kommunikasjonslinjen med Gud.

Kombinert med tro på Guds Ord, kommer svarene på våre bønner til oss.

Bønner er ikke noe du bare" prøver" å gjøre, for å se om det virker.

Bønner som vi ber i samsvar med Guds Ord, Bibelen, har Gud lovet i sitt eget Ord å svare på ved våre forespørsler.

Det er høyst viktig, at vi ber nøyaktig slik som Guds Ord forteller oss at vi skal og at våre liv

har kommet i den posisjonen det skal være for å kunne motta fra Gud på hans løfter. Nå snakker jeg om de gjenfødte, ikke de unådde med evangeliet.
Mottakelsen av bønnesvar er annerledes for de unådde enn for de gjenfødte.

Gud hører ikke dine bønner fordi du gråter, roper, hyler eller fordi du er på dine knær, heller ikke fordi du ber i en kristen bygning.

Gud hører dine bønner, fordi du ber med et overgitt liv til Kristus i samsvar med Hans ord.

Dette fant jeg ut tidlig i mitt kristne liv.
Det sto ganske enkelt skrevet i Guds Ord hvordan man skulle leve og be, for å motta svar.
La aldri noen tradisjon binde dine bønner, vær fri i dine bønner i samsvar med Guds Ord. Det er en felles enighet blant en del kristne, og det er; hvis Gud ønsker å gjøre noe for meg, vil Han gjøre det. Dette er ikke riktig.

B

Åndelige lover må følges

Gud lar laget åndelige lover som må bli fulgt
hvis vi skal motta svar
på dine bønner. Adam og Eva, de første men-
nesker på jorden, ga Satan, sin gudgitte autoritet
over planeten Jorden igjennom sin ulydighet
imot Gud.

De som levde et liv i frihet, i overflod, ja, i in-
timt fellesskap med Gud. Satan
fristet dem til å være ulydige mot Gud, ved å
bruke fruktene på kunnskapens tre som et fris-
telsens redskap. De tok av treet og spiste. Gud
hadde fortalt dem at de ikke skulle spise av det
treet. De ga bort sin autoritet over jorden til Sa-
tan. (les 1. Mos. 13).

Det er derfor situasjonen i verden er som den er i
dag. Gud gjorde det ikke, men menneskets uly-
dighet mot Gud, det som skjer etter ulydighet er
djevelens verk, Adam og Eva slapp ham til.

Men gjennom bønn i samsvar med Guds skrevne
Ord. På det faktum at Jesus Kristus, Guds lev-
ende sønn, beseiret alt Satans verk, for over
2000 år siden
(1Joh.3:8 og Kol. 2:13-15).

Åpner det seg en ny og levende vei.

" Jesus Kristus åpnet opp en ny og levende vei, inn til Guds helligste. Gjennom sitt eget hellige blod, som han gav på Golgata på korset, som løsepenger for verdens synder". (Heb. 10:19-20)

Forløsningens vei

Han åpnet opp seierens, forløsningens vei, og det er det vi spesielt studerer nå. Han åpnet opp bønneveien til Hans nærvær.

Og når vi ber i samsvar med Hans Ord; får vi svarene.

Gud kommer nær i livets omstendigheter, gjennom bønn i tro på Hans Ord.

Når vi inviterer Ham inn i vår situasjon gjennom bønn i tro,
gir vi Ham muligheten til å bli involvert på jorden i denne verden på vegne av oss.

Vi tar autoriteten tilbake.

Adam og Eva ga autoritet til Satan.

Vi tar autoriteten tilbake igjen, gjennom bønn, i samsvar med Guds Ord i tro.

C
GUD GIR IKKE RESPONS PÅ VÅRE BE-HOV - HAN GIR RESPONS PÅ SITT ORD GJENNOM BØNN I TRO.

Dine behov vil få Hans oppmerksomhet, men Han beveger seg ikke på basis av dine behov. Det er forskjellige bibelske lover og prinsipper om bønn, men noen mennesker oppfører seg som de har åndelige barnslige lammelser. De kan ikke forstå meningen med åndelige ting, enda de lever med lover og prinsipper i sitt daglige liv i samfunnet.

Hver presise når det gjelder ordbruk, også når det kommer til åndelige ting.

I relasjon til Gud, ønsker vi ofte å krangle, lage oppstyr og sloss. Guds ord fungerer når vi følger og gjør hva det sier. Da får vi oppleve fruktene av vår lydighet.

Vi kan se mange paralleller i det åndelige og det sanselige.

Reglene må følges for tilfredsstillende resultat.

På samme måte som det er forskjellige regler for forskjellige sportsgrener, er det forskjellige regler for forskjellige typer bønner.

D

Basisregler for alle typer bønn.

Det er en basisregel, for alle typer bønner. La oss se på denne først.

" Jesus sa: Sannelig sier jeg til dere at den som sier til dette fjell: Løft deg og kast deg i havet! Og ikke tviler i sitt hjerte, men tror at det han sier skal skje, ham skal det vederfares." (Mark 11, 23)

Når vi kommer til Gud i bønn i Jesu navn, ifølge Guds Ord, må vi komme uten tvil.

Tvil er en bønnesvardreper.

Vi må tro.

Bibelen sier i Jak:" Men la ham be i tro, uten å tvile; for den som tviler, ligner havbølgen, som drives og kastes av vinden. For ikke må det

menneske tro at han skal få noe av Herren, slik
en tvesinnet mann, ustø på alle sine
veier." (Jakob 1, 6 – 8)

Tvil er en ånd fra djevelen, som angriper ditt
sinn, så fort som du bestemmer deg, for å ta
Guds Ord på alvor. Kommer tvilens ånd og sier;
er du sikker på at dette vil virke, se på det fy-
siske nærværende bevis. Dette vil ikke virke.

**Til denne stemmen og tvilstanker, må vi si
NEI._Stopp i Jesu navn, jeg hører ikke på deg.**
Jeg vet at du er Satans ånd. Jeg godtar ikke noe
annet enn Guds Ord som forløser Guds Ånds
kraft. Jeg er født på ny og Guds Ord sier:

" For alt det som er født av Gud, seirer over ver-
den; og dette er den seier som har seiret over
verden: vår tro." (1 John 5, 4)

Tro er født inn i våre liv når vi er født på ny.
Den er der i vår ånd,
hvor det ikke er noe intellekt, ingen følelser.
Følelsene og intellektet er i vår sjel, vår person-
lighet. I vår ånd er vår samvittighet og tro.

Du føler ikke tro – du handler på den – uten å tvile.

Det er en nødvendighet, at du forstår, lever og bruker troen som et grunnlag og
 en basisregel for alle forskjellige typer bønner.

E
Forskjellige type bønner

1. Bønn i enighet.

Dette er bønn som involverer mer enn en person. Her må personene være enige om å be for en spesiell ting og tro at de får det, de må ikke tvile, da vil de motta det.

" Atter sier jeg dere: Alt det to av dere på jorden blir enige om å be om,
det skal gis dem av min Far i himmelen." (Matt 18, 19)

Ifølge dette skriftstedet er dette en bønn for mennesket som lever på planeten jorden. Og den sier: Vi blir enige, og vi ber.
Vi ber som alltid i Jesu navn. Enigheten må være der, ellers vil det ikke fungere.

Dette er den beste måten ektemann og hustru kan be sammen på – det samme gjelder for venner.

2. Du ber i tro – du mottar i tro.

Mark. 11:24:
" Derfor sier jeg dere: Alt det dere ber om og begjærer, tro bare at dere har fått det, så skal du motta det.

Noter deg at dette er en bønn, som handler om **deg**. Noen mennesker prøver å be denne bønnen for noen andre – men det virker ikke. Dette er en bønn for deg.
Her kan du gå offensivt på til bønnesvaret er deg gitt. Her begjærer vi fra Gud, vi er offensive.

Det er en parallell instruks til denne bønnen i Matteus: "Og alt det dere ber om med tro i Deres bønn, det skal dere få."(Matt 21, 22)

Jesus sa ikke at du vil motta noe som ligner på det du ber om. **nei**, han sa:
" Hva **du** spør om, skal **du** få." Han sa ikke;" se at du mottar det".

Han sa ikke;" forstå at du mottar det". Og Han sa helt sikkert ikke;" føl at du mottar det".

Han sa:" **TRO at du mottar det".**

Du sier; hvordan kan jeg tro at jeg er helbredet, når kroppen min fortsatt føles syk? Dette er enkelt.

Har du en fast jobb?
De fleste jobber gir deg ikke penger før i slutten av måneden.
Hvis noen skulle spørre deg, så skammer du deg ikke over å si;" Jeg fikk en jobb og jeg får betalt i slutten av måneden. " Hvordan kan du si at du får betalt hvis du ikke har sett pengene ennå? Da svarer du;" Jeg har blitt lovet å bli betalt i slutten av måneden.
" Forstår du poenget mitt?"
Det jeg vil fortelle deg er; hvis **du** tror **du** vil motta. Det er det samme prinsipp.
Du vet ikke om din arbeidsgiver har pengene han skal betale deg, men du stoler på hans ord.

Stol på Gud på samme måten og" du vil motta".

I troens bønn er det ingen fysiske sanser in-
volvert. Dette er hvor mange mennesker går feil,
de er bundet til sine sanser.
" Jeg føler det ikke", eller" jeg forstår" det ikke,
etc.

Men Heb. sier:
" Men tro er full visshet om det som håpes,
overbevisning om ting som ikke sees."
(Heb. 11, 1)

**Hvis tro er mitt bevis på ting jeg ikke har sett,
betyr det at jeg ikke kan se på noe i sansever-
denen for å gjøre min tro sterk.
Jeg må se på en høyere kilde, som er Guds
Ord.**

Min tro er basert på Guds Ord, som er uforan-
derlig (Jer. 12 og Mal 3, 6).
 Da vil mine følelser og erfaringer vil forandre
seg og bli i samsvar med Guds Ord.
Alt forandrer seg, men Guds Ord forblir det
samme.
Du kan ikke be effektivt og viselig uten å ha
kjennskap, ikke kunnskap om Guds vilje. Vi vet
Guds vilje er at vi skal kjenne Hans Ord, ikke"

bare" ha en kunnskap om det. Gud ønsker hans
Ord skal være en åpenbart virkelighet i våre liv.

Bibelen sier:
" Og dette er den frimodige tillit som vi har til
Ham, at dersom vi ber om noe etter hans vilje,
da hører Han oss,

og dersom vi vet at Han hører oss, hva vi så ber
om, da vet vi at vi har de ting vi har bedt Ham
om." (1 John 5, 14 – 15)

Hvis du ikke vet Guds vilje, er det fordi du ikke
leser Bibelen.
Det er gjennom Bibelen Gud gjør sin vilje
tilgjengelig for oss. Hvis du har tillit til at du har
bedt i samsvar med Guds vilje, skulle du ha tillit
til at Han hørte deg.
Derfor skulle du ikke be for den samme tingen to
ganger, fordi det er det samme som å si at du
ikke mottok det den første gangen.

**Bønn i samsvar med Guds ord en gang og du
tror det – da er det nok**
Hvis du har bedt for en spesiell ting i samsvar
med Guds Ord en gang; da er det nok. Hva du da

har å gjøre hver dag er å prise og takke Herren Jesus, og herliggjøre Hans mektige navn, og si;"
Takk for at svaret på mine bønner har kommet. Jeg tror jeg har det. Jeg har det ved tro."
Slipper vi troen på Guds ords løfter grunnlagt på Jesu Kristi forsonings
verk, hva har vi igjen da? Ingenting. Hold fast på" klippens" løfter, de varer for evig og de er dine i Jesu navn. Det er på denne måten det virker – hva det enn er du har bedt om. Hold fast løftet i tro, da vil en dag det fysiske beviset komme. Seieren er vår, før vi går inn i troens kamp.

Vi må inn i kampens hete for å hente seieren ut.

Start med å bruke din tro på små ting og bygg deg selv opp til det punkt hvor du kan ha tro for større ting. Det er en prosess, en progressiv vekst, som gjør at din tro vil fortsette å vokse, og den vil virke. (Les boken min" En kriger for Kristus")

3. Forbønn for andre eller en sak

Rom sier:

" Men i like måte komme også Ånden vår skrøpelighet til hjelp; for vi vet ikke hva vi skal be om, slik som vi trenger det; men Ånden selv går i forbønn for oss med usigelige sukk."
(Rom 8, 26)

Dette er når du ber for noen andre (eller noen andre ting), totalt og fullstendig, uten å vite hvordan omstendighetene er.

Det er to sider av forbønn.
Den ene er hvor vi blir enig om noen eller noe, og ber for dem på vårt morsmål, da forteller vi Gud hva vi vil i henhold til Hans Ord.
Det andre –" forbønns veien" – er hvor du kanskje ikke engang vet hvem du ber for.
Den Hellige Ånd vil legge en sterk trang i din ånd etter å be for noe eller noen.
Noen ganger må kanskje Herren til og med minne deg på en person, og du får en byrde for den personen.
Du vet altså ikke hva du ber om, men Herren har lagt på deg en byrde. Det er her du kommer inn i forbønn for andre.
Du vil ikke gjøre dette på ditt morsmål, fordi du vet ikke hva du ber om.

Det er dette Rom refererer til. " Men i like måte kommer også Ånden vår skrøpelighet til hjelp; for vi vet ikke hva vi skal be om, slik som vi trenger det; men Ånden selv går i forbønn for oss med usigelige sukk." (Rom 8, 26)

4. Ære - og tilbedelsens bønn.

Dette er en bønn mellom deg og Herren, og det du gjør er å fortelle Ham hvor høyt du elsker Ham.

Du spør Ham ikke om noe, du bare øser ut din kjærlighet til Ham.

Du beundrer Ham, setter pris på og takker Ham, for hva Han er for alt og alle.

Ja takke skaperen for livet.

5. Innvielsens og overgivelsens bønn.

Dette er bønnen hvor du setter deg selv i en posisjon amHfor å bli brukt av Gud.

I denne bønnen må du si:" hvis det er Din vilje".

I denne type bønn vil du ikke finne et skriftsted som forteller deg Guds vilje.

Da Herren kalte meg til verdens evangelisering,

la Han en lyst på mitt hjerte. Da måtte jeg si til Herren:" Jeg vil gjøre det du har lagt på mitt hjerte, jeg aksepterer det hvis det er Din vilje", og det var Guds perfekte vilje for meg. Det var blitt lagt en drøm, en " driv" i mitt indre og bæreren av det hele var Kristi befaling i Mark 16, 15.

Alt Gud forteller oss at vi skal gjøre er i samsvar med Guds Ord, Bibelen. Gud forteller deg aldri noe som ikke er i samsvar med Hans ord som er hans perfekte vilje:

Du legger aldri til" hvis det er Din vilje" i noen bønn du ber hvis du har et skriftsted som tilsvarer dette.

Hvis du gjør det, da ber du i tvil.

Bestem deg for hva du ser er nødvendig fra Gud, i hans plan og vilje med deg. Finn et skriftsted, som gir deg løfte på det.

Hvis du ikke vet hva du trenger, hvis du ikke vet hva som er nødvendig for deg, får du heller ikke noe.

Det er grunnen til at noen av dere ikke har mottatt noen ting – du har aldri sagt hva du vil ha.

Fundamentet i din bønn er det klare åpenbarte Guds Ord. Hvis du ber utenfor Guds vilje – får du ingenting. Ikke be om noe du ikke finner et løfte på.

Når du har bestemt deg for hva du vil ha fra Gud, og funnet et skriftord som gir deg et løfte på det, hold da fast på det skriftordet. Nå er tiden inne for" troens gode strid".

NB, NB

Hvis du ikke er forberedt på kamp, er du ikke forberedt på å be, og du vil ikke vinne.

Be Gud om det du ønsker; og tro at du har fått det (ikke glem basisregelen.)

Ikke tro at du" kommer til å få det", tro at du har mottatt det.

Dette er nåtid. Dette virker kanskje ikke naturlig for deg, men vi forhandler ikke med sansene, vi handler på Guds eget Ord. Vi må ha tro på Hans ord.

Uttal dine ord i tro

Kristendom er en" troens **bekjennelse**". Du taler løftet ut, du proklamerer det og du bekjenner at du har det inntil det fysiske beviset er der.

Bibelen sier i Jak:

" Vær derfor Gud undergitt! Men stå djevelen
imot, og han skal fly fra dere." (Jakob 4, 7)

Hovedsaken er ikke hvor lenge vi må stå imot,
men at djevelen vil fly. I mellomtiden må vi
holde fast på løftet.

Bibelen sier i Heb:

" La oss holde uryggelig fast ved bekjennelsen
av vårt håp – for han er trofast som gav
løftet." (Heb 10, 23)

**Noen mennesker har ikke mye tålmodighet,
men du må være forberedt på å stå livet ut,
hvis det tar så lenge før svaret ditt blir mani-
festert.**

Det ene påvirker det andre

Det som påvirker dine tanker vil påvirke din tale,
og det vil igjen påvirke din tro – og i det lange
løp, hele livet ditt.
Vær forsiktig med hva du leser, vær forsiktig
med hvem du omgås.

Bring aldri Guds Ord ned til nivået for men-
neskelig erfaring. Hver erfaring må kunne
prøves på Guds Ord:
Hvis du ønsker å stå stabil og fast, må du stå
sammen med vinneren, Guds Ord.

**Snakk ikke om problemet – snakk om løsnin-
gen. Se seg selv ute av problemet.
Baser løsningen på Guds Ord. Fyll deg alltid
med Guds Ord.**

Bibelen sier:
" Min sønn! Akt på mine ord, bøy ditt øre til min
tale!

La dem ikke vike fra dine øyne, bevar dem dypt
i ditt hjerte!

For de er liv for hver den som finner dem, og
legedom for hele hans legeme.

Bevar ditt hjerte fremfor alt det som bevares; for
livet utgår fra det." (Ord 4, 20-23)

**Gjør dine Ord, Din tale til et uttrykk for tro,
ikke til et uttrykk for tvil og mistro – vantro**

Tit forteller oss noe veldig viktig, det sier;" Gud kan ikke lyve".(Tit 1, 2)

Hvis han ikke kan lyve, da forteller han sannheten. Han forteller meg at jeg skal tro på Ham, så skal jeg motta – er ikke det vidunderlig.

Kjenn Guds vilje før du ber. Hvis du ikke gjør det – vil du ikke få svar.

Grunnen til at så mange mennesker har problemer med å tro Guds Ord, og stole på det uten tvil,
Er fordi de ikke kjenner ham personlig og har betalt prisen det vi koste å bli kjent med ham.

NB, NB
Jeg får mine bønner besvart fordi jeg ber ifølge Ordet. Jesus er min Herre, og jeg lever et liv i linje med Guds Ord.

Bibelen sier at" Gud stadfester sitt Ord med tegn som følger." (Mark. 16:20).
Ved å leve et liv med Gud, hans ord og be rett, vil du erfare at Gud stadfester sitt Ord. Han behandler hver person likt.

Vi er ikke her for å bli forandret av våre omstendigheter, men for å forandre omstendighetene med Guds ords løfter i tro.
F
Be og motta i Jesu navn.
Bønn til Faderen i Jesu navn.

Hvordan be og motta

Det er vidunderlig å vite at når vi følger Guds Ords retningslinjer, så virker det.
Når det har vært tale om bønn, så har det vært lite konkret fremlagt hvordan vi skal be for å motta.

Bønn er å be om en ting på den måten som gjør at vi mottar bønnesvar.
 På samme måte som vi følger naturlige lover i den materielle verden for at livet skal fungere. Må vi følge de åndelige lover i den åndelige verden for å motta bønnesvar i det naturlige.
La oss se litt nærmere på disse tingene.

Bibelen sier i Hebreer brevet:
" Til Jesus, mellommannen for en ny pakt, og til det rensende blod som taler sterkere enn Abels blod." (Heb. 12, 34)

125

Dette er jo grunnlaget for ethvert bønnesvar.

Bønn til Faderen i Jesu navn
Når det gjelder bønn til Gud, til Faderen, så skjer
det i Jesu navn. Vi kan bare komme frem for
Gud med begjæringer og bønner i Jesu navn.

Bibelen sier i John:
" Faderen skal gi dere alt dere ber Ham om i mitt
navn." (Joh 15, 16)

Jesus sier videre i Matt. 18:19-20:
" Hva to av dere blir enige i å be Faderen om i
mitt navn skal de få." (Matt 18, 19 - 20)

**Å be til Faderen i Jesu navn, er en altomfat-
tende måte å be på. Det er en måte å be på
som omfatter absolutt all velsignelse som Je-
sus frigjorde ved sin fullkomne seier på Gol-
gata.**

Les 5. Mos. 28:1-5 og 2. Mos. 23:25-26.Når jeg
er ute og reiser med evangeliet, hender det ofte
at jeg kommer opp i situasjoner hvor jeg trenger
å be om spesiell ledelse. Da ber jeg alltid til
Faderen i Jesu navn.

De fleste ting i dagliglivet er ting som vi kan komme frem for Faderen med i Jesu navn. Vi legger vår sak frem for Gud, vi taler med Ham om vårt problem og svaret mottar vi fra Gud i Jesu navn.

Bønn i Jesu navn.

Bibelen sier i Markus evangeliet:
" Og disse tegn skal følge dem som tror, i mitt navn, i Jesu navn, skal de drive ut onde ånder, de skal tale med tunger, de skal ta slanger i hendene, og om de drikker noe giftig, skal det ikke skade dem, på syke skal de legge sine hender og de skal bli helbredet." (Mark 16, 17-18)

Bibelen sier videre i Lukas evangeliet:

" I ditt navn, i Jesu navn, se, jeg har gitt dere makt til å trå på slanger og skorpioner og over alt fiendens velde, og ingenting skal skade dere." (Luk 10, 19)

Videre i Paulus brev til Kolosserne:

" Han, Jesus, avvæpnet maktene og myn-
dighetene, og stilte dem åpenlyst til skue, i det
han viste seg som seierherre over dem på
korset." (Koll 2, 15)

Her ser vi helt klart når det gjelder Jesu fullbrak-
te verk på Golgata, over alt fiendens velde, over
alle djevelens konkrete angrep.
**Da ber vi direkte i Jesu navn. Vi proklamerer
og befaler i Jesu navn.**

G
**EKSEMPLER PÅ BØNN OG PROKLA-
MASJON FRA BIBELEN**

Eksempel: Bønn til Faderen i Jesu navn.

 " Og de ba således: Du, Herre som kjenner alles
hjerter, vis oss hvem du har utvalgt av disse
to." (Apg. 1, 24)

Videre:
" Jesus sa: Hva to blir enige om å be Faderen om
i mitt navn, skal de få." (Matt 18, 19 – 20)

Her ser vi først Jesu etterfølgere be om ledelse.
De ba konkret til Faderen i Jesu navn.
Deres behov i denne situasjonen gjaldt ikke noe
av det helt konkrete i Golgata verket.
Deres bønn kom under det altomfattende, altså
bønn til Faderen i Jesu navn.

Eksempel: Bønn i Jesu navn.

" Peter sa: Det jeg har, det gir jeg deg, I Jesu
Kristi navn, stå opp og gå." (Apg 3, 6)

Her ser vi Peter proklamere og befale på
grunnlag av Jesu fullbrakte verk på Golgata.

Den indiske gutten helbredet fra Polio

Jeg husker en gutt sør i India, som ikke hadde
makt i sine ben. Dette var på mitt aler første ko-
rstog i India
som en ung mann på 27 år. Jeg talte Guds Ord.
Da jeg så gutten gripe Ordet, befalte jeg ham å
stå opp og gå i Jesu navn, og han stod opp og
gikk.

Bønn i Jesu navn

Her ba jeg ikke til Faderen først. Dette var et tilfelle som det konkret nevnes i Bibelen angående forsoningsverket på
Golgata.

" Ved hans sår har vi fått legedom." (Jes. 53:5)
Og sykdom er et konkret angrep av Satan.
Dette beviser at Guds Ord fungerer på samme måte i dag, som i Bibelens dager.

Hør hva Apg. 9,34 sier:
" Peter sa til ham: Æneas, Jesus Kristus helbreder deg, stå opp og re selv din seng, og straks stod han opp." (Apg. 9, 34)

Den indiske kvinnen helbredet fra kreft

Her ser vi igjen en proklamasjon av et faktum som sier:
Sykdom er beseiret i Jesu navn.
En gang i India ble jeg budsendt hjem til en kvinne som lå til sengs. Hun hadde kreft og var døden nær.
Jeg befalte sykdommen å forlate henne i Jesu navn. Sykdommen adlød Jesu - navnet og forsvant.

Kvinnen stod opp av sengen legt, gikk utenfor huset til en vannpost og vasket seg. Guds Ord virker alltid når vi har Jesus som Herre og bruker det rett.

Videre i Apg. 16:18:
" Da harmedes Paulus og vendte seg om og sa til ånden: Jeg byder deg i Jesu Kristi navn å fare ut av henne, og den forut i samme stund." (Apg 16, 18)

Den demonbesatte indieren kom opp på platt-tformen

Her ser vi igjen en proklamasjon og en befaling gitt i Jesu navn. Jeg husker godt de demonbesatte som samlet seg bak plattformen mens jeg talte i India, allerede på 70 tallet. Siden den gangen, har dette alltid skjedd. Dette er en underlig opplevelse.
De kom opp på plattformen, jeg snudde meg rundt, rakte min hånd ut imot de og sa:" I Jesu navn, kom ut." De onde ånden kom ut av dem alle og de var fri.

Den grunnfestede makt.

131

Bibelen sier:
" Jeg, Jesus, har gitt dere makt til å trå på slanger og skorpioner og over alt fiendens velde, og ingenting skal skade dere." (Luk 10, 19)

Bibelen sier videre:
" En orm krøp ut av heten, og bet seg fast i Paulus' hånd, han rystet av seg dyret inn i ilden, og hadde intet mén av det. Men de ventet at han skulle hovne opp eller falle død om med det samme." (Apg 28, 3 – 6)

Vi leser videre hva Salmisten sier:
" Han grunnfestet en makt for sine motstanderes skyld." (Salme 7, 3)

De som lever et liv overgitt til Jesus Kristus, og har lært seg å bruke Guds autoritet etter Guds Ords direksjoner,
er alle" overvinnere" i Jesus Kristus, de er Guds grunnfestede makt. Der de kommer må Satan gå. Paulus lot seg ikke engang affektere av den giftige ormen. Han visste hva han var og hadde i Kristus.
Han hadde Guds autoritet og kraft i seg. Satan visste at Paulus visste at han var beseiret.

På samme måte blir også du, når du er fylt av Guds Ord og lever i lydighet til Bibelens ord og adlyder det.

Du blir en urokkelig maktfaktor mot Satan.

NB, NB

" Hver den som ber, han mottar."
(Matt.7:8).

Nå vet du hvordan du skal be – og Gud gir det som allerede er gjort av Jesus – men du må motta.

Ordet motta er et verb, og alle verb er handlings-sord. Ordet motta er derfor et ord som må han-dles på hvis det skal ha noen praktisk betydning. Handler du ikke på det etter du har bedt, stenger du for at ditt bønnesvar skal bli en realitet.

Når du har bedt ifølge Guds ord – ta da imot og gjør det du har bedt om. Bønnesvaret vil da manifestere seg i ditt liv.

" Fordi Guds Ord står evig fast"
(Sal. 11:89).

" For likesom legemet er dødt uten ånd, så er og troen død uten handlinger." (Jakob 2, 26)

Kapittel 3

Tro er nøkkelen

Mark sier:

" Og Jesus sa til dem: En profet blir ikke foraktet
annensteds enn på sitt hjemsted og blant sine
slektninger og i sitt hus. Og han kunne ikke
gjøre noen kraftig gjerning der, unntatt at han la
sine hender på noen få syke og helbredet dem;
og han undret seg over deres vantro." (Mark 6, 4
– 6)

Uten tro blir Guds kraft nøytralisert
Hvis vi ikke lever i tro, vil Guds kraft bli totalt
nøytralisert i våre live. Tro har vært og er min
seiers erfaring.
Det er den dag i dag som den alltid har vært.
Gud kaller mennesker over alt, til å leve i tro.
Hvilken trosretning du tilhører, betyr ingenting.
Jesus underviser og oppmuntrer oss til å leve i
tro.

Når ikke noe annet fungerer – gjør Guds Ord det – i tro.

Tro er nøkkelen til alt i Guds rike. Du kan ikke gjøre noe – jeg mener ingenting – uten tro.

Du kan lese om den første menighet i Apostlenes Gjerninger. Hver minste ting de gjorde, gjorde de i tro.

De hadde ingen spesiell tro – det er den samme tro som du og jeg har (2. Pet. 1:11). De var født på ny, akkurat som deg og meg.

Bibelen sier i 1. John:
" For alt det som er født av Gud, seirer over verden; og dette er den seier som har seiret over verden: vår tro."(1 John 5, 4)

På den samme måten som tro ble født inn i apostlene, er den født inn i deg. Det er bare en type tro, og Bibelen sier at Jesus er forfatteren av den. Så forstår du, de samme tingene vil skje i dag som det gjorde i den første menighet/fellesskap.

A
Alt i Guds ord er avhengig av tro

Vi må lese det, studere det, lære og preke det – tro hele tiden. Det er dette alt handler om – tro på Jesus og Guds løfter.

Du kan lære Bibelen utenat, det vil ikke hjelpe deg noen ting,
hvis du ikke tror den. (Heb 4:2).

Uten tro er ingenting mulig
I Mark. 6:4-6 kan du se at Jesus ikke kunne gjøre noe blant de menneskene.
Helbredelsen var midt iblant dem, men de mottok ingenting. De trodde ikke på det Jesus prekte.

NB, NB
De samme prinsipper gjelder i dag
Derfor var hans kraft begrenset i deres liv.
Det samme prinsippet opererer i alle kristnes liv, som ikke lever i tro. De lider av plager og sykdom, til tross for at helbrederen lever inne i dem.
Jesus har allerede lidd for deres sykdommer og plager – fysisk og åndelig.

De har ikke forstått at de sitter ved Gud's ban-
kettbord – enda er de sultne. Hvorfor? De lever
ikke i tro.
Troen forsyner seg av varene og blir tilfredsstilt

B
Guds rustning

La oss bevisst vokse og bli sterke i tro.

Hør hva Efeserne sier:

" For øvrig – bli sterke i Herren og i hans veldes
kraft! Ikle dere Guds fulle rustning, så dere kan
stå dere mot djevelens listige angrep; for vi har
ikke kamp mot blod og kjød, men mot makter,
mot myndigheter, mot verdens herrer i dette
mørke, mot ondskapens ånde - hær i himmel-
rommet. Ta derfor Guds fulle rustning på, så
dere kan gjøre motstand på den onde dag og stå
etter å ha overvunnet alt. Stå da ombundet om
deres liv med sannhet, og ikledd rettferdighetens
brynje, og ombundet på føttene, med den fer-
dighet til kamp som fredens evangelium gir. Og
grip foruten alt dette troens skjold, hvormed dere
skal kunne slukke alle den ondes brennende pil-

er, og ta frelsens hjelm og åndens sverd, som er
Guds Ord, idet dere til enhver tid ber i Ånden
med all bønn og påkallelse, og er årvåkne deri
med all vedholdenhet og bønn for alle de
hellige." (Ef 6, 10 – 18)

La oss ta hver del av rustningen individuelt.

1. Sannhetens belte om livet.

I John forteller Jesus oss at Guds Ord er sannhet.
Så sannhetens belte er basert på Guds Ord. (John
17, 17)

2. Rettferdighetens brynje.

I Rom sier Bibelen:" Det vil si Guds rettfer-
dighet ved troen på Jesus Kristus for alle og over
alle som tror. For det er ingen forskjell." (Rom 3,
22)

Hvis du lar troen falle – faller brynjen.

3. Så er det skoene til forberedelsen av fredens evangelium.

Hebr. 4:2: forteller oss at" evangeliet" og" ordet" er det samme. Så skoene er også basert på Ordet.

4. Over alt," ta troens skjold"
Hvis du ikke bruker din tro, har du ikke et skjold. Som du kan se, tro lager skjoldet.

5." Ta frelsens hjelm".
Hvis du ikke lever i tro, er helle rikke ditt hode tildekket. Du kan ikke bruke frelsens hjelm uten tro.

Ifølge Efeser brevet er du frelst ved tro.

" Av nåde er dere frelst ved tro, det er ikke av dere selv, det er en Guds gave." (Ef 2, 8)

Så uten tro, ingen hjelm.

6. Åndens sverd, som er Guds Ord.

Heb. sier:" For Guds Ord er levende og kraftig
og skarpere enn noe tveegget sverd og trenger
igjennom, inntil det kløver sjel og ånd, ledemot
og marg, og dømmer hjertets tanker og råd."
(Heb. 4, 12)

C
ALT ER GUD'S ORD

Vi kan alle skille Ordet og troen. I klar tale –
alle delene av rustningen har en ting felles. De er
alle Guds Ord.
Ordet har ingen kraft hvis vi ikke tror. Hele rust-
ningen er uten virkning hvis jeg ikke har tro.
Du er fullstendig naken for fienden uten tro
(husk basisen)

" Sannelig sier jeg dere at den som **sier** til dette
fjell: Løft deg opp og kast deg i havet! Og **ikke
tviler** i sitt hjerte, **men tror** at det han sier skal
skje, **ham skal det vederfares**." (Mark. 11:23).

141

D

HVA MED BØNN?

” Be alltid med alle bønner (alle forskjellige
måter å be på) og ydmykhet i ånden, våk til slutt
med all utholdenhet og ydmykhet for alle de hel-
lige.”
**Du kan ikke gjøre dette virkningsfullt uten
tro. Uten tro blir det bare bønn opp til takb-
jelkene.**

Mark sier igjen:
” Derfor sier jeg dere:” Alt det dere ber om og
begjærer, tro bare at dere har fått det, så skal
dere motta det. (Mark 11, 24)

I kapittel 1 vers 6-7 forteller Jakob oss at når vi
ber Gud om noe, **må** vi be i **tro** og ikke vakle.
For han som vakler er som en bølge på havet,
kastet og drevet av vinden. For la ikke den man-
nen tro at han skal motta noe fra Herren.

**Hvis du tror du kan stå imot Satan uten tro,
tar du feil**

Rom sier:” Du står ved din tro.” (Rom 11, 6)

Nå kan du se Efeserne klarer. Du forstår bedre hvorfor Paulus sier:

" Og grip foruten alt dette troens skjold." (Ef 6, 16)

Hør Hebreer brevet sier:
" Du kan ikke tekkes Gud uten tro."

Akkurat nå kaller Herren deg ut i et" lykkelig liv i tro" – alt er for deg.
Bibelen sier i Nehemias:

" Gleden i Herren er min styrke." (Neh 8, 10)

Når du begynner å leve i tro på Guds løfter, blir du lykkelig, hele veien gjennom, i hele tilværelsen din.
Gud ønsker å være ditt livs standard, og slik kan det bli.

" Ha tro til Gud" (Mark. 11.22).

E

Vår tro vinner alltid

Tro Guds Ord – ha tillit til Ham – vit at Guds kraft skaper. Gjør du det, kan du, og vil du, handle på Guds Ord.

Troen handler alltid, tro ser ikke på omstendighetene. Tro ser bare på Guds ord, og handler etter det.

Bibelen sier i Jakob:

" Tro uten handling er en død tro." (Jakob 2, 26) Død tro er å ikke samtykke med Guds ords troverdighet. Det er bare å se på det utenfra, og aldri handle på det.

Tro tar Guds ord for hva det er – og gjør det

Hvordan kan den lamme springe som en hjort? (Jes 35, 6)

Jo, Fordi Guds Ord sier" Jeg er Herren, helbrederen" (5 Mos. 15:26)

" Ved Hans sår har jeg fått legedom" (Jes. 53:5).

Den lamme trodde Guds Ord – handlet på det,
og ble helbredet.
Tro er å gjøre hva Guds ord sier

Jakob brev sier:
" Men en kan si: Du har tro, og jeg har
gjerninger. Vis meg din tro uten gjerninger, og
jeg vil vise deg min tro av mine
gjerninger!" (Jakob 2, 18)

Ordet tro er et verb, og et verb er alltid et han-
dlingens ord.
Tro skryter aldri – tro handler

Det vil være dumt å gå rundt å si at du har sterk
tro for noe, og aldri gjøre det.

Ble ikke Abraham, vår far, rettferdiggjort ved
handlinger. Ser du at tro sammen med hans han-
dlinger (Jak 2:21-22)

Den unge gutten med polio, India
På et av mine korstogsmøter i India, satt en ung
mann foran plattformen. Begge hans ben var to-

talt forkrøplet. Han mottok Ordet jeg prekte –
Guds Ord – troens Ord,
som erklærer i Jes:" Ved hans sår har jeg fått
legedom." (Jes 53, 5)

Han handlet i tro på det ordet. Hva tror du skjed-
de? Han ble helbredet. Han sto opp og gikk.
Det er helt utrolig, men Guds Ord er sant og
virker.

Troens handling vinner alltid.

En kvinne som kom til en av mine møter kunne
ikke løfte armene.
Jeg fortalte henne:

Bibelen erklærer i Jesajas:" ved Jesu sår er du
helbredet." (Jes 53, 5)

Hun trodde det, handlet på sin tro, løftet sine
armer over hodet, og ble umiddelbart helbredet. i
det samme sekund. Sann tro handler alltid. Stoler
på det av hele ditt hjerte, virker den kreative
Guds helbredelseskraft. Sykdommen må forlate
din kropp.

Vær aldri redd for å tro Gud og handle på Hans Ord.

Husk hva Jesus fortalte til den lille jentas far, som av skeptiske mennesker var fortalt at hun var død.

Jesus sa:" Frykt ikke, bare tro" (Mark. 5:36).

Tror du virkelig at det er noe problem for Gud å helbrede sykdom, Han som har skapt hele verden ved sitt Ord. Tro er å handle på Guds Ord. Intellektuell enighet er å innrømme troverdigheten i Guds Ord, men aldri handle på det. Det er som å stå utenfor et bakeri, innrømme at kakene i butikken smaker godt, og at du så klart kunne tenke deg å ha en av dem.
Dette blir ikke gjort i stedet for å gå inn, kjøpe en og spise den.

Håp er ikke TRO – håp er fremtid.

Tro er alltid nå. Det er ikke passivt, det er alltid gjør noe NÅ. Troen ser ikke bare på Ordets troverdighet, og er enig med det.
Troen tar Ordet til hjertet og handler på det.

Det er å gjøre Hans vilje og handle i Hans vilje. Gud blir æret ved handling på Hans Ord. Ved å ikke handle på Hans Ord, blir Gud vanæret.

Vær en overvinner – ha tro og handle på Guds ord.

F
Våre stridsvåpen

2 Kor sier:
" Våre stridsvåpen er ikke kjødelige, men mektige for Gud til å omstyrte festningsverker,

idet vi omstyrter tankebygninger og enhver høyde som reiser seg mot kunnskapen om Gud, og tar enhver tanke til fange under lydigheten mot Kristus." (2 Kor 10, 4 – 5)

Våre stridsvåpen er det åpenbarte Guds Ord i deg og meg (Joh. 6:63, Joh. 14:10)

Vi har tro på Guds ord og handler på det Nøkkelverset vil da bli:

Jakob sier:

” Vær derfor Gud undergitt! Men stå djevelen imot, og han skal fly fra dere.” (Jakob 4, 7)

Sannhetens sannhet

Gitt oss av Jehova, Gud. Jehova betyr på det hebraiske språk” Den evige eksisterende som åpenbarer seg”.

Bibelen sier i Heb.
” Han er trofast som ga løftet.” (Heb. 10, 23)

Vi har ikke bare løfter, men vi har også Gud bak dem, som er trofast.

” Gud er trofast, og Han vil haste med å utføre sitt ord” (Jer. 1:12).

For en Gud vi har.

La oss se på treenigheten i Jakob:
” Derfor overgir deg til Gud, Far, Sønn og Den Hellige Ånd, de er ett.” (Jakob 4, 7)

Igjen,” Gud er Ordet” (Joh. 1:12).

I den grad du har overgitt deg til Gud, har du overgitt deg til Jesus Kristus, Den Hellige Ånd og Ordet.

Hvis Jesus Kristus er Herre i ditt liv, da adlyder du Ham. Jesus Kristus er ikke mer Herre i våre liv enn Guds Ord, og alle løftene er.
Guds Ord, og alle løftene, er Guds perfekte vilje, som skal ta oss til Guds overflod i våre liv og omstendigheter (Joh. 10:10).
Vi kan ikke tillate oss å tvile på Guds løfter, heller ikke protestere mot dem. Vi godtar dem som de er og for hva de sier de er.
Vi underkaster oss fullstendig under Guds Ord. Vi må ta denne bestemmelsen. Vi underkaster oss Ordet, løftene og Gud i lydighet.

Stå Djevelen imot

Hvis vi har oppfylt vår del er det ikke noe problem å stå djevelen imot.
Guds Ord har en mye høyere autoritet enn våre egne følelser og kunnskap.

Det er ikke skrevet hvordan vi skal stå imot djevelen. Det er ikke en gang viktig for oss å vite.
Det som er viktig er å adlyde Gud, heller enn å fremheve menneskelig kunnskap (Jer.17: 7-8, Apg.5:29).

Om vi skal stå djevelen imot på Guds løfter i 10.000 år, så gjør vi det. Fordi Han er trofast, som ga løftet.
(Heb. 10:23, Jer. 1:12)

Spørsmålet er enkelt – hva velger du?

Hvis du har valgt å stå djevelen imot, ikke kjempe mot ham, har du gjort det rette valg. Han er fullkomment overvunnet.

Og han skal fly fra deg

For et løfte! Det sier ikke kanskje, det sier **SKAL** fly. Hvis vi holder vår del, da vil Guds Ord, som for evig er satt i himmelen (Salme 119:89), ta vare på sin egen del.

Velsignelsen av oppfyllelsen av løftet, vil bli din erfaring og komme deg tilgode i den synlige verden.

Og Guds navn vil bli herliggjort.

Du kan gjøre det

Med disse virkeligheter, solid grunnfestet i deg, er du klar for å nå verden med evangeliet. Du har det som skal til for å være et Herrens sendebud. Ta utfordringen og la Gud få virke igjennom deg med all sin makt.

G

Forstår du dette, tror du dette,

Gjør du dette i handling, så har du seieren i vår frelser Jesu navn til menneskeheten, som en overvinnende Guds sønn.

" (Vann)dyp kaller på vanndyp" (Salme 42, 8) 8415 Heb.

Noen enkle forklaringer fra Hebraisk. Da det språket innehar så mye på vært enkelt ord, at Bibelen blir åpnet i åpenbaring på en tidligere ukjent måte. Lever du i Guds åpenbaring og begynner å studere de greske og Hebraiske skrifter vil en berikelse komme til deg av uante dimensjoner.

Dyp kaller på dyp –Tehom (Hebraisk) (Salme 42, 8)

Det står ikke vanndyp på hebraisk, det står"
dyp", et dyp som er det motsatte av" himmelen",
ikke bare som et natur element, med" et farlig
element som dypet dekker".

" Dypet" er presentert som det motsatte av himmelen"
Det blir illustrert med en sjømann, som går ned i
bølge dypet av en ondskapsfull storm, som igjen
bygger seg opp som et fjell som når himmelen,
og igjen går ned i" dypet".
Dype vann, hvor overflaten fryser (stivner, van-
net er skjult, gjemt som en stein.

" Hård (skjult, Hebraisk)" (Job 38, 30)

154

” De for opp imot himmelen, de for ned i av-
grunnene, deres sjel ble motløs i
ulykken.” (Salme 107, 26)

Hør hva Paulus skriver i sitt brev til korinterne:
” For ordet om korset er vel en dårskap for dem
som går fortapt (i dypet), men for oss som blir
frelst (på toppen av bølgen som når himmelen),
er det en Guds kraft”. (1 Kor 1, 18)

” Er da enn vårt evangelium skjult, så er det
skjult blant dem som går fortapt.” (2 Kor 4, 3)

A
Skarpere enn noe tveegget sverd

Paulus skriver til Efeserne:
” Grip foruten alt dette troens skjold, hvormed
dere kan slukke alle den ondes brennende
piler,” (Ef 6, 16)

Hebreerbrevet sier:
” For Guds ord er levende og kraftig og skarpere
enn noe tvegget sverd og trenger igjennom, in-
ntil det kløver sjel og ånd, ledemot og marg, og
dømmer hjertets tanker og råd,

Og ingen skapning er usynlig for hans åsyn, men
alt er nakent og bart for hans øyne som vi har å
gjøre med." (Heb. 4, 12-13)

**Guds sverd er blitt gitt oss i vår ånd gjennom
åpenbaring, for igjen å virke igjennom våre
hender.**
Guds levende ord er sverdet, fungerende igjen-
nom vår mottatte frelse gitt oss igjennom Jesu
Kristi forsoningsverk på Golgata.

B
Tro kaller på tro
" Alt har han gjort skjønt i sin tid også
evigheten/verden/kosmos (Hebraisk) har han
lagt i deres hjerter, men således at mennesket
ikke til fille kan forstå det verk Gud Jehova har
gjort, fra begynnelsen til enden." (Fork 3, 11)

Jeg hadde vanskeligheter med å forstå dette ver-
set i hele10 år etter min frelse. En formiddag jeg
lå på en gressplen i byen Gall på Sri Lanka og
forberedte kveldens korstogs møte oppdaget jeg
noe i Bibelen. Jeg så at engelske og norske over-
settelser, brukte forskjellige ord i dette Bibelver-
set.

C

Evigheten/verden/Kosmos

I den norske bibelen sto ordet" evigheten" i den engelske sto ordet" verden". Evigheten i våre hjerter forsto jeg, men verden i våre hjerter forsto jeg ikke. En dag ved studier i Hebraisk, kom jeg til dette verset. Hovedordet fra Hebraisk var ordet" Kosmos".

Gud Jehova er alt

Nå begynte dette verset å bli forstørret for meg. Plutselig forsto jeg, Gud Jehova, den selveksisterende som åpenbarer seg og er evighetens evighet (Hebraisk), Han er alt.

Kosmos er alt

Kosmos er alt, kosmos er vår jord, vår verden (det er det åndelige, den åndelige verden som vi former rundt oss med tankers aksept),vår galakse melkeveien, de milliarder av stjerner i vår galakse, de milliarder av galakser i vårt univers, kosmos er alle universer utenfor vårt univers, med alle de stjerner som finnes der. Igjen alt utenfor der, som menneskeheten ikke aner noen ting om og heller aldri vil finne noe ut av.

Den nærmeste galakse til vår galakse i vårt univers, er 1 milliard lysår unna. Lyset går 300 millioner km. I sekundet.

Gud Jehova er Kosmos, Kosmos er alt.

Olam Hebraisk for evigheten. I utdypning sier dette ordet: Tid utenfor sinnet, fortid og fremtid, alltid, evighetens evighet, ikke begrenset til det nåværende. I den fjerde dimensjonen, åndens dimensjon løst fra den tredje dimensjon den fysiske virkelighet.

D

Et liv" over" tiden

Gud har bundet mennesket til tid, samtidig som han har gitt mennesket muligheten til å leve " over" tiden.

Den guddommelige kunnskapen, har ikke mulighet for å bli i mennesket, før det utvikles etter den nye fødsel i Kristus Jesus.

" Evigheten viser også til det utilnærmelig, fjerne, avsides, fjerntliggende, for evig og evig" (1 Krøniker 16, 36)

" Lang tid" i Jes 42, 14 viser til" før tid" og tiden
nå. Det kan bety" for lenge siden".

Jeg kunne fortsette å fortsette her. De menneske-
lige ord, klarer ikke belyse og gi den fulle rette
forståelse av ordet Kosmos. Det er absolutt ikke
mulig. Vi kan bare få vist en retning av tid, som
er" mer enn alt", Kosmos.

Vi er" i alt"
alt" er i oss"
I Ham" er vi alt"

Forskere som er evolusjonister har kommet frem
til i sin søken på dette området, til et ord for å
forklare hva evig, evig er. De har forstått, så
langt de har sett, at de ikke ser mer enn de har
sett, men at det er mer. **Forskerne får en mer og
mer –" en evig er Gud"**
Deres ord for mer enn evig er" Gud". Noe mer
forklaring p det har de ikke skrevet. Dette betyr
selvfølgelig ingen ting, vi har Kristus. Men
evigheten, verden, Kosmos har nok vært følbart
for dem. Mer og mer, etter som jeg har studert
vitenskapens teorier, større ig større blir Gud Je-

hova for meg. Større og større blir Jesu Kristi frelsesverk for meg.

Denne forståelse løfter oss inn i en helt ny dybde i vår eksistens. Vi er ment å leve i den fullkomne virkelige i dette liv, hvis vi våger å tro det. Fra nå av og i alle evigheters evighet.

Tro det kan vi hvis vi vil. Guds ord, Bibelen vil lede deg inn i denne virkelighet hvis du vil. Bønn vil få en helt ny betydning for deg.

Guds nådes verk for deg

" For av nåde er dere frelst, ved tro, og det ikke av dere selv, det er Guds gave." (Ef 2, 8)

Dette forløste livet er tilgjengelig for deg

Som et" født på nytt" menneske, er døren åpnet for deg til utvikle dette nye forløste livet i Kristus Jesus. Troen på Kristus og hans oppstandelse i fra de døde. Har vært i din ånd fra tidens morgen. Den troen ga deg muligheten til å tro deg frelst.

Romerbrevet sier: For dersom du med din munn bekjenner at Jesus er Herre og i ditt hjerte tror at Gud oppvakte ham i fra de døde, da skal du bli frelst; (Rom 10, 9) (Zozo Hebraisk)

” For alt det som er født av Gud, seirer over ver-
den; og dette er den seier som har seiret over
verden/kosmos; vår tro.1”(1 Joh 5, 4)

Her igjen kommer ordet Kosmos. Kan du se det.
Din seier i Kristus er virksom i Kosmos. Ser du
det, det for deg uvirkelige, men det sanne.
Dine muligheter i Kristus er uten ende. I den
grad du søker Herren vil Kosmos bli for deg.

**Ser du din overvettes (over intellektet)
overvinnende posisjon i Kristus Jesus?**

**Velg rett, velg troens vei, lev seirende i ditt
forhold til Gud Fader, sønn og den Hellige
Ånd. Det er seier for deg.**

Lykke til på din ferd med Herren.

Tom Arild Fjeld har reist over hele verden og forkynt evangeliet siden tidlig ungdoms alder. De siste årene har han skrevet mange bøker, som kommer ut etter hvert.

Aktuelle bøker for den tiden i historien vi lever.

Følg med på sosiale medier, kristne tv stasjoner og aviser hvor han har møter og undervisning.

Vær med og støtt tjenesten regelmessig økonomisk eller bli en praktisk partner i den.

Ta kontakt på www.tomarildfjeld@gmail.com

Misjons menigheten Tro & Visjon verdense-vangelisering

Konto nr. 0532.37.94229

Tidligere utgitte bøker av Tom Arild Fjeld

Hvordan motta frelsens mirakel norsk, også ut-
gitt på Bulgarsk, Rumensk, Gassisk og engelsk

Hvordan motta helbredelsens mirakel

På Barrikaden

Mer enn en overvinner

Virkelig fri

Bøker nylig utgitt av Tom Arild Fjeld

Kraften vinner krigen

Få lausbikkja ut (Norsk og engelsk)

Den skjulte verden

Dressa opp for seier

En kriger for Kristus

Han ga sitt liv – ingen kunne ta det (norsk, en-
gelsk)

Gå ut i all verden

Slagkraft i åndens verden

Seier over Satan

De guddommelige virkeligheter

1 Daglig gjennombrudd (3 mnd.)

2 Daglig gjennombrudd (3 mnd.)

3 Daglig gjennombrudd (3 mnd.)

4 Daglig gjennombrudd (3 mnd.)

Bli født på ny (på rumensk)

Et nytt liv (Telegu; indisk språk) Spesielt skrevet til 40 mill. indiske hindu enker.